Alina Orlamünder

Erfolgreiches Markenmanagement für den Bankensektor

Die Grundregeln der Markenetablierung im Banking 4.0

Bibliografische Information der Deutschen Nationalbibliothek:

Die Deutsche Nationalbibliothek verzeichnet diese Publikation in der Deutschen Nationalbibliografie; detaillierte bibliografische Daten sind im Internet über http://dnb.d-nb.de abrufbar.

Impressum:

Copyright © Science Factory 2019

Ein Imprint der Open Publishing GmbH, München

Druck und Bindung: Books on Demand GmbH, Norderstedt, Germany

Covergestaltung: Open Publishing GmbH

Inhaltsverzeichnis

Abkürzungsverzeichnis V

Abbildungsverzeichnis VI

1 Einleitung 1

    1.1 Forschungsfrage und Zielstellung 2

    1.2 Vorgehensweise und Aufbau der Arbeit 2

2 Das Zeitalter des Banking 4.0 5

    2.1 Industrie 4.0 und entsprechende Handlungsfelder 5

    2.2 Banking 4.0 und neue Handlungsfelder 8

    2.3 Digitalisierung und digitale Transformation im Bankensektor 11

    2.4 FinTechs als neue innovative Finanzdienstleister 12

    2.5 Die Chancen disruptiver Geschäftsmodelle im Bankensektor 14

    2.6 Verändertes Kundenverhalten und neue Anforderungen der Bankkunden 17

3 Die Grundlagen des Markenmanagements 20

    3.1 Einordnung des Markenmanagements in den Marketingmanagementprozess 20

    3.2 Die Quintessenz des Begriffs der Marke 22

    3.3 Die wesentlichen Funktionen einer Marke 23

    3.4 Die möglichen Zieldefinitionen einer Marke 25

4 Ein Konzept zur Etablierung einer Bankmarke 29

    4.1 Strategische Prozessschritte zur Etablierung einer Marke 29

    4.2 Operative Prozessschritte zur Etablierung einer Marke und Markencontrolling ... 44

    4.3 Ein Gesamtüberblick über alle Prozessschritte des Konzeptes 48

5 Die abgeleiteten wesentlichen Grundregeln bei der Markenetablierung 49

6 Schlussbetrachtung 52

Literaturverzeichnis 54

Internetverzeichnis 58

Anhang 64

Experteninterview 66

Abkürzungsverzeichnis

Abkürzung	Erläuterung
Abb.	Abbildung
AG	Aktiengesellschaft
AI	Artificial Intelligence
API	Application Programming Interface
CRM	Customer Relationship Management
DAX	Deutscher Aktienindex
f.	folgende
GmbH	Gesellschaft mit beschränkter Haftung
HR	Human Resources
Hrsg.	Herausgeber
Inc.	Incorporated
IoT	Internet of Things
IT	Information Technology
KG	Kommanditgesellschaft
LLC	Limited Liability Company
mbB	mit beschränkter Berufshaftung
o. J.	ohne Jahr
o. O.	ohne Ort
S.	Seite
SE	Societas Europaea
TSR	Total Shareholder Return
u.a.	unter anderem
US	United States
USP	Unique Selling Proposition
vgl.	vergleiche
vs.	versus

Abbildungsverzeichnis

Abb 1: Schema zur Vorgehensweise der Arbeit 3

Abb 2: Handlungsfelder des Banking 4.0 10

Abb 3: Merkmale von FinTechs 13

Abb 4: Veränderte Anforderungen der Bankkunden 19

Abb 5: Einordnung des Markenmanagements in den gesamten Unternehmensführungsprozess 21

Abb 6: Markenfunktionen 25

Abb 7: Konzept zur Markenetablierung einer Neumarke (Erster Entwurf) 31

Abb 8: Markenidentität versus Markenimage 38

Abb 9: Markenpositionierung nach Christian Homburg und Markus Richter versus "The Golden Circle" nach Simon Sinek 40

Abb 10: Konzept zur Markenetablierung einer Neumarke 48

Abb 11: Grundregeln für NEUMARKEN 51

Abb 12: Konzept zur Markenetablierung einer Neumarke (Teil 1) 64

Abb 13: Konzept zur Markenetablierung einer Neumarke (Teil 2) 65

1 Einleitung

Aufmerksamkeit erlangen, Produkte und Dienstleistungen verkaufen, ein positives Erlebnis erzeugen und bestenfalls eine Begeisterung hervorrufen, die über Jahre immer wieder ausgelöst wird - eine Wunschvorstellung der meisten gewinnorientierten Unternehmen. Der sowohl kurz- als auch langfristige Unternehmenserfolg wird hierbei maßgeblich durch die strategische Markenführung bestimmt. PricewaterhouseCoopers stellt mit Markenstudien fest, dass der Markenwert oftmals über die Hälfte des Gesamtunternehmenswertes ausmacht.[1] Das übergeordnete Ziel ist es also, eine Marke zu etablieren, welche nachhaltig einen Wert für ein Unternehmen schafft.[2] Bei immer größer werdender Produkt- und Markenvielfalt, Ausweitung von Vertriebskanälen und Kontaktmöglichkeiten ist es für Unternehmen von höchster Relevanz eine unverwechselbare, erfolgreiche Marke zu etablieren.

Nicht nur Industrie- und Handelsunternehmen entwickeln Marken zum Absatz ihrer Produkte und Dienstleistungen, auch Banken haben in den letzten Jahrzehnten die enorme Bedeutung strategischer Markenführung erkannt und Bankmarken entwickelt. Der Bankensektor steht vor einer Vielzahl von branchenspezifischen und äußerst anspruchsvollen Herausforderungen. Die Ähnlichkeit und Auswechselbarkeit der Bankprodukte und -dienstleistungen ist eine der wohl größten Problematiken. Hinzu kommen die Abkehr vom Hausbankenprinzip hin zu einer hohen Wechselbereitschaft und die sich rasant verändernden neuen Anforderungen der Kunden. Nicht zuletzt ist ein Großteil der neuen Erwartungen und Anforderungen auf die Digitalisierung zurückzuführen. Banking soll beispielsweise vierundzwanzig Stunden am Tag möglich sein, von verschiedenen Endgeräten aus steuerbar und die Abwicklung in nahezu Echtzeit wird gewünscht. Der verbreitete Begriff Banking 4.0 spricht eine Revolution innerhalb der Branche an, welche von genannter Digitalisierung getrieben wird. Nur digitale Lösungen, ein ausgeklügeltes Geschäftsmodell und nachgefragte Produkte und Dienstleistungen anzubieten ist allerdings für einen langfristigen Erfolg nicht ausreichend. Da sich eine Vielzahl von Instituten im Bankensektor sammelt, die häufig ähnliche Leistungen anbieten und dies auch unter Berücksichtigung neuer Kundenanforderungen, ist eine Abgrenzung vom Wettbewerb oft schwierig. Fraglich ist, ob eine Bank ein Alleinstellungs-

---

[1] Vgl. PricewaterhouseCoopers AG Wirtschaftsprüfungsgesellschaft (Hrsg.) (2012), S. 7.
[2] Vgl. Baetzgen, Andreas (Hrsg.) (2011), S. 11.

merkmal entwickeln kann, um Kundenbeziehungen und Produktabsatz langfristig sichern zu können. Grundvoraussetzung hierfür ist eine dementsprechend positionierte Marke. Eine Unternehmensmarke kann Gründe schaffen, weshalb ein Unternehmen auch unter starker Konkurrenz überdurchschnittlich erfolgreich agiert. Um einen neue Bankmarke zu entwickeln und so zu etablieren, dass unternehmerischer Erfolg langfristig gesichert werden kann, bedarf es also der Berücksichtigung neuer Kundenanforderungen am Markt und hierauf zugeschnittene Konzepte. Eine neue Bankmarke zu entwickeln und zu etablieren wird in jedem Fall Einzigartigkeit und Besonderheiten aufweisen. Nichtsdestotrotz lässt sich ein grundsätzlicher Leitfaden anwenden, der alle relevanten Prozessschritte beinhaltet.

1.1 Forschungsfrage und Zielstellung

Diese Arbeit beschäftigt sich mit den Fragen der neuen Anforderungen der Kunden, der neuen Möglichkeiten des Banking 4.0 und wie aus dieser Ausgangssituation heraus eine neue Bankmarke entwickelt und etabliert werden kann.

Ziel ist es, ein grundlegendes Konzept zu entwickeln, mit welchem Finanzdienstleistungs- und Kreditinstitute eine Markenentwicklung und -etablierung umsetzen können. Ein allumfassender und trotzdem grundsätzlich anwendbarer Leitfaden soll entwickelt werden. Hierbei werden neue Inhalte des Banking 4.0 und veränderte Kundenanforderungen berücksichtig.

1.2 Vorgehensweise und Aufbau der Arbeit

Um zu Beginn die Situation auf dem Bankenmarkt zu erfassen, wird sich dem Banking 4.0 mit den dazugehörigen Neuerungen gewidmet. Hierzu beschäftigt sich die Arbeit mit dem Begriffsursprung, der Industrie 4.0. Viele Neuerungen und Handlungsfelder dieser industriellen Revolution lassen sich auf den Bankensektor übertragen. Die konkreten bankspezifischen Handlungsfelder werden im nächsten Schritt begutachtet. Digitalisierung und digitale Transformationen bringen erhebliche Änderungen in einzelnen Instituten und der gesamten Branche mit sich. Die Bedeutung und der Effekt dieser Treiber sollen beleuchtet werden. Hieraus resultiert auch die Entstehung von FinTechs auf dem Banken- und Finanzdienstleistungsmarkt. Die Besonderheiten dieser FinTechs sollen betrachtet werden, um letztlich die Reaktion auf veränderte Kundenanforderungen und Banking 4.0 bildlich zu machen. Außerdem befassen sich neu entstehende Finanzdienstleister zwangsläufig mit den Fragen der Markenbildung. Um den späteren Markenbildungsprozess zu erläutern, sollen zuvor die neuen Kundenanforderungen im

Bankensektor beleuchtet werden. Diese sind zuletzt auch eine Reaktion auf neue innovative Technologien und Geschäftsmodelle der Institute. Die Chancen völlig neuer und innovativer Geschäftsmodelle sollen betrachtet werden. Der Grund eine neue Marke für Finanzdienstleistungsinstitute zu entwickeln, kann die Erprobung neuer innovativer Technologien sein, das Umsetzen einzelner Teile der Bankenwertschöpfungskette oder das Gründen eines grundsätzlich neuen Finanzdienstleistungs- oder Kreditinstituts. Im ersten Teil dieser Bachelorarbeit werden die Rahmenbedingungen und relevanten Änderungen des Bankensektors und die Veränderung der Kundenanforderungen behandelt.

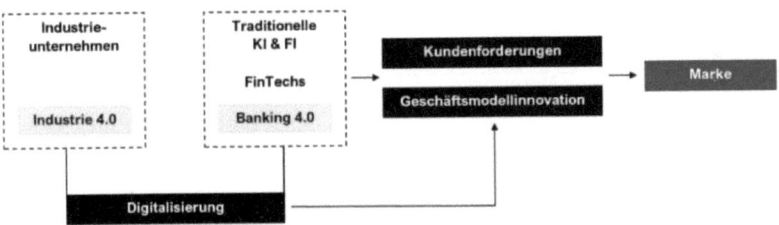

Abb. 1: Schema zur Vorgehensweise der Arbeit
Quelle: Eigene Darstellung.

Hauptaugenmerk dieser Bachelorarbeit liegt auf der Neumarkenentwicklung und der Markenetablierung. Zuvor allerdings ist der Begriff der Marke in den gesamten Unternehmens- und Marketingmanagementprozess einzuordnen. Um die hohe Wichtigkeit zu erfassen, wird die genaue Bedeutung und die wesentlichen Funktionen einer Marke diskutiert. Marken haben bestimmte Ziele, welche während des Markenmanagements verfolgt werden. Einige grundlegende Zieldefinitionen werden zusammengefasst, um einen Einblick in zu berücksichtigende Kriterien bei der Markenetablierung zu gewähren.

Bisher gibt die einschlägige Literatur zum Themenfeld der Marken zwar Konzepte zu einzelnen Teilschritten der Markenetablierung her, allerdings wird in renommierter Literatur nie ein gesamter Etablierungsprozess abgebildet. Diese Arbeit befasst sich mit der Erstellung eines allumfassenden und allgemeinen Konzeptes zur Etablierung einer Marke im Bankensektor. Begonnen wird mit den strategischen Prozessschritten, die zu Beginn der Etablierung von Nöten sind. Sind Markenattribute und Markenstrategien festgelegt, so kann die operative Umsetzung über eine interne und externe Markenführung erfolgen. Auch hierfür können Prozessschritte und zu beleuchtende Inhalte konzeptionell herausgestellt werden.

Markensteuerung bildet des Weiteren den dritten Schwerpunkt des Markenmanagements.

Da diese Arbeit einen klaren Fokus auf die Etablierung einer Neumarke legt, wird die Konzeptionierung der strategischen Prozessschritte im Vordergrund stehen und deutlich umfangreicher thematisiert. Operative Prozessschritte und Markencontrolling werden thematisch nur angeschnitten, da sie eine höhere Relevanz für bereits etablierte Marken besitzen. Das Konzept, welches im Rahmen dieser Arbeit entstehen soll, hat zum Ziel, ein Grundgerüst für die Etablierung einer neuen Marke zu entwickeln, speziell für die Branche der Kredit- und Finanzdienstleistungsinstitute.

Zuletzt werden aus den Erkenntnissen zu den veränderten Kundenanforderungen und dem Konzept zur Neumarkenetablierung, Grundregeln für die Etablierung abgeleitet. Diese Grundregeln sollen zu Beginn der Markenentwicklung dabei helfen, grobe Fehler zu vermeiden und den Weg für eine erfolgreiche Bankmarke zu ebnen. Um hierzu die Meinung eines Experten einzuholen, soll ein Interview mit dem Geschäftsführer von Neugelb Studios GmbH geführt werden. Das Startup ist eine hundertprozentige Tochtergesellschaft der Commerzbank AG, positioniert sich als Service Design Agentur und entwickelte selbst vor kurzer Zeit eine Neumarke. Die Schlussbetrachtung bildet den letzten Abschnitt dieser Arbeit und fasst in Kürze die gewonnen Erkenntnisse und Ergebnisse zusammen.

2 Das Zeitalter des Banking 4.0

2.1 Industrie 4.0 und entsprechende Handlungsfelder

Industrie 4.0 – ursprünglich ein Begriff geprägt durch die deutsche Bundesregierung als Zukunftsprojekt, derzeit nunmehr für die Digitalisierung in Industrieunternehmen als neue industrielle Revolution verstanden.[3] Diese vierte industrielle Revolution zeichnet sich durch die Verzahnung der Produktion mit modernen Informations- und Kommunikationstechniken aus. Die Smart Factory behilft sich cyber-physischen Systemen und nutzt die Neuheiten der Digitalisierung.[4] Völlig neu ist in dieser industriellen Revolution, dass geistiges Leistungs- und menschliches Denkvermögen durch Maschinen und Computer ersetzt werden. Zuvor unterstützen Maschinen den Menschen nur, um dessen Krafteinsatz zu reduzieren. So zeichnet sich beispielsweise die dritte industrielle Revolution mit der Automatisierung und Robotik aus.[5]

Haupttreiber der Industrie 4.0 ist die Digitalisierung und digitale Transformation. Die Digitalisierung in den Unternehmen beschäftigt sich mit der Implementierung von digitalen Technologien in das bestehende Geschäftsmodell und in die aktuell bestehenden Unternehmensprozesse.[6] Digitale Transformation hingegen behilft sich digitaler Technologien zur Umsetzung innovativer neuer Geschäftsideen, die mitunter zu Unternehmens- und Branchentransformationen führen können.[7] In westlichen Industrieunternehmen wird die Digitalisierung tatsächlich als Pflicht verstanden, die digitale Transformation als Kür. Digitale Technologien ermöglichen Unternehmen radikale Geschäftsmodellveränderungen, Entwicklung neuer Services und Produkte, neue Vertriebswege und das Zusammenarbeiten mit anderen Unternehmen.

---

[3] Vgl. Bendel, Oliver / Gabler Wirtschaftslexikon Springer Fachmedien Wiesbaden GmbH (Hrsg.) (2018), 2. Abschnitt im Hauptframe (siehe Internetverzeichnis).
[4] Vgl. Müller, Hans-Erich (2017), S. 289.
[5] Vgl. ebenda, S. 289.
[6] Vgl. Stocker, Marcel / Digital Enterprise AG (Hrsg.) (2018), 3. Abschnitt im Hauptframe (siehe Internetverzeichnis).
[7] Vgl. Müller, Hans-Erich (2017), S. 286.

Bedeutende Handlungsfelder der Industrie 4.0 sind Analytics & Big Data, Cloud Computing, Application Programming Interface (API), Internet of Things (IoT), Artificial Intelligence (AI), Distributed Ledger & Blockchain und Platform & Network.[8]

Big Data & Analytics beschäftigen sich mit dem Sammeln und Auswerten großer Datenmengen.[9] Das Besondere hierbei ist der Umfang und die Herkunft der Daten aus verschiedenen Quellen. Als Schwierigkeit können sich die unterschiedlichen Formate und die Verwertbarkeit erweisen. Advanced Analytics hat das Ziel, mithilfe von Formeln und Algorithmen, neue Informationen zu gewinnen, Muster zu erkennen, Vorhersagen zu treffen und Wahrscheinlichkeiten zu ermitteln.[10] Sogenannte Business Intelligence soll die enormen Datenmengen der Big Data in brauchbarer Weise erfassen, speichern, verarbeiten und analysieren können.[11] Ein Grund für das enorme Aufkommen der Datenmengen sind zum einen das wachsende Interesse der Unternehmen am Sammeln von Kundeninformationen, zum anderen die Vielzahl der neuartigen Kanäle und Endgeräte, um Informationen zu sammeln.

Ein ähnliches Handlungsfeld der Industrie 4.0 ist das Cloud Computing. Hierbei werden Server, Speichermöglichkeiten, Datenbanken, Netzwerkkomponenten, Software und Tools zur Analyse über eine Cloud bereitgestellt.[12] Vorteil hierbei ist die Skalierbarkeit der Datenmengen und die vielfältigen Zugriffsmöglichkeiten.

Ähnliche Zugriffsmöglichkeiten soll API anbieten. Hiermit sind Schnittstellen gemeint, die Softwaresysteme bereitstellen, um in andere Systeme und Programme eingebunden werden zu können.[13] Außerdem bietet API den Austausch und die Weiterverarbeitung von Daten und Inhalten zwischen verschiedenen Webseiten und Programmen.[14]

---

[8] Vgl. SAP Deutschland SE & Co. KG (Hrsg.) (2018), 2. Abschnitt im Hauptframe (siehe Internetverzeichnis).
[9] Vgl. Zeman, Ales u.a. (2016), 1. Abschnitt im Hauptframe (siehe Internetverzeichnis).
[10] Vgl. Business Application Research Center GmbH (Hrsg.) (2016), S. 4.
[11] Vgl. Litzel, Nico / Vogel IT-Medien GmbH (Hrsg.) (2016), 2. und 3. Abschnitt im Hauptframe (siehe Internetverzeichnis).
[12] Vgl. Microsoft Corporation (Hrsg.) (2018), 1. Abschnitt im Hauptframe (siehe Internetverzeichnis).
[13] Vgl. Vertical Media GmbH (Hrsg.) (2018a), 1. Abschnitt im Hauptframe (siehe Internetverzeichnis).
[14] Vgl. ebenda, 4. Abschnitt im Hauptframe (siehe Internetverzeichnis).

Ein weiterer Teilbereich der Industrie 4.0 ist das Internet of Things. Hiermit ist die Vernetzung smarter Objekte gemeint, die in netzwerkähnlichen Strukturen miteinander oder mit dem Internet kommunizieren können.[15] Besonderheit hierbei ist die Möglichkeit, dass smarte Objekte, Alltagsgegenstände oder Maschinen teilweise eigenständig, ohne Einfluss des Menschen, agieren können.[16]

Artificial Intelligence beziehungsweise Künstliche Intelligenz meint Mechanismen, mit denen Maschinen oder Computer intelligentes Verhalten entwickeln und selbstständig effizient Probleme lösen können.[17] Selbstlernende Systeme werden mitunter in Form von Machine Learning entwickelt.[18] Den Prozess des besonders nachhaltigen und effizienten Lernens, unter Verwendung neuronaler Netze, wird auch als Deep Learning bezeichnet.[19] Hierbei versetzt sich die Maschine selbst in die Lage, Strukturen zu erkennen, Erkenntnisse zu evaluieren und verbesserst sich von selbst. Grundsätzlich wird versucht, menschenähnliche Entscheidungsstrukturen durch Input von Big Data nachzubilden.

Distributed Ledger & Blockchain lassen sich, trotz bankähnlicher Transaktionen, den Handlungsfeldern der Industrie 4.0 zuordnen. Distributed Ledger ist ein dezentrales Kontenbuch, über welches Geschäfts- und Zahlungsverkehr abgewickelt werden kann, ohne dass eine Bank involviert sein muss.[20] Deshalb ist diese Technologie so interessant für Industrieunternehmen. Anders als in Datenbanken, findet hier die Autorisierung der Zahlungsvorgänge in einem Netzwerk statt, bei welchem andere Nutzer Transaktionen freigeben. Blockchain ist eine spezielle Art des Distributed Ledger.[21] Hier werden Transaktionen in der Kryptowährung Bitcoin abgewickelt. Transaktionen sind hier in Blöcken in einer Kette fest aneinander-

---

[15] Vgl. Vertical Media GmbH (Hrsg.) (2018b), 1.-3. Abschnitt im Hauptframe (siehe Internetverzeichnis).
[16] Vgl. ebenda, 1. und 3. Abschnitt im Hauptframe (siehe Internetverzeichnis).
[17] Vgl. Vertical Media GmbH (Hrsg.) (2018c), 1. und 2. Abschnitt im Hauptframe (siehe Internetverzeichnis).
[18] Vgl. ebenda, 6. Abschnitt im Hauptframe (siehe Internetverzeichnis).
[19] Vgl. Petereit, Dieter / yeebase media GmbH (Hrsg.) (2016), 10.-13. Abschnitt im Hauptframe (siehe Internetverzeichnis).
[20] Vgl. Geiling, Luisa / Bundesanstalt für Finanzdienstleistungsaufsicht (Hrsg.) (2016), 6. Abschnitt im Hauptframe (siehe Internetverzeichnis).
[21] Vgl. Metzger, Jochen / Gabler Wirtschaftslexikon Springer Fachmedien Wiesbaden GmbH (Hrsg.) (2018), 1. Abschnitt im Hauptframe (siehe Internetverzeichnis).

gereiht.[22] Durch das gegenseitige Bedingen der Blöcke, durch sogenannte Hash-Werte, ist ein nachträgliches Ändern nicht mehr möglich und sichert die Fälschungssicherheit.[23] Durch den sogenannten Consensus autorisieren mehrere Teilnehmer dezentral die Transaktionen.[24] Eine weitere Raffinesse, welche sich als vorteilhaft für die Industrie 4.0 erweist, sind die Smart Contracts. Hierbei wird eine Transaktion automatisch abgewickelt, wenn die vorher festgelegten Voraussetzungen erfüllt sind.[25]

Eine große Erkenntnis der Industrie 4.0 ist das Agieren von Unternehmen in Netzwerken und auf Plattformen. Nicht nur im Business-to-Consumer-Bereich setzen sich Plattformen durch, auch Business-to-Business-Plattformökonomien erlangen in der Wirtschaft hohes Interesse.[26] Unternehmen arbeiten in Netzwerken zusammen, greifen auf gemeinsame Datenpools und Plattformen zu, entwickeln gemeinschaftlich Lösungen gegen Cyberkriminalität und stellen sich den neuen Anforderungen der digitalen Technologien.[27]

2.2 Banking 4.0 und neue Handlungsfelder

Nicht nur Industrieunternehmen stellen sich den aufkommenden Fragen im Umgang mit digitalen Technologien und der Digitalisierung, auch der Bankensektor ist betroffen. Allerdings stellen neue Technologien Kreditinstitute nicht nur vor Herausforderungen, sondern bieten gleichzeitig auch neue Chancen, Geschäftsmodellinnovationen, Prozessoptimierungen und ein höheres Maß an Effizienz und Effektivität.

Abgeleitet von Industrie 4.0 setzt sich auch der Begriff Banking 4.0 durch. Die vierte industrielle Revolution hat vor allem für Kredit- und Finanzdienstleistungsinstitute eine enorme Relevanz. Zukünftig werden Banken immer mehr den Anspruch haben, sich zu digitalen Technologieunternehmen zu entwickeln. Die Handlungsfelder ähneln denen der Industrie 4.0. Mithilfe von Big Data und Analytics

---

[22] Vgl. Horch, Phillip / BTC-ECHO GmbH (Hrsg.) (2018), 8. und 9. Abschnitt im Hauptframe (siehe Internetverzeichnis).
[23] Vgl. ebenda, 10. Abschnitt im Hauptframe (siehe Internetverzeichnis).
[24] Vgl. ebenda, 11. Abschnitt im Hauptframe (siehe Internetverzeichnis).
[25] Vgl. PricewaterhouseCoopers GmbH Wirtschaftsprüfungsgesellschaft (Hrsg.) (2017), 4. Abschnitt im Hauptframe (siehe Internetverzeichnis).
[26] Vgl. Bundesministerium für Wirtschaft und Energie (Hrsg.) (2017), S. 2.
[27] Vgl. ebenda, S. 2.

wird versucht, Daten optimal zu nutzen. Cloud Computing und API stellen neue Möglichkeiten der Speicherung, Verarbeitung und Softwarenutzung bereit. Künstliche Intelligenz ist ein besonderes Handlungsfeld des Banking 4.0. Beispielsweise kommt Artificial Intelligence auch im Risikomanagement und bei der Betrugsbekämpfung zum Einsatz.[28] Auch dem Distributed Ledger und der Blockchain können sich traditionelle Banken nicht verschließen, da ein Teil der Bankenwertschöpfungskette hiermit abgebildet werden kann. Grundsätzlich bieten diese Handlungsfelder schließlich kostengünstige und dezentrale Lösungen, beispielsweise für Zahlungsverkehr und Wertpapierabwicklungen. Einige Finanzdienstleister haben ihr Geschäftsmodell auch komplett auf eine Plattformökonomie ausgerichtet. So kommen mitunter Peer-to-Peer-Geschäftsmodelle zustande.[29] Kreditinstitute kooperieren des Weiteren untereinander und profitieren von netzwerkähnlichen Strukturen. Ein völlig neues Handlungsfeld des Banking 4.0 sind die Robo Advisors. Diese treffen, aufgrund von Algorithmen, ohne menschlichen Eingriff, die Anlageentscheidungen nach festgelegten Anlagestrategie und Präferenzen. Portfolios werden neu erstellt, überwacht und auch neu justiert.[30]

Grundsätzlich versucht Banking 4.0 auf vier Ebenen zu agieren. Zum einen geht es darum, Innovationen und intelligente, innovative Technologien zu entwickeln.[31] Zum anderen sollen operative Prozesse effizienter gestaltet werden.[32] Die Kundenbeziehung soll enger, individueller und über smarte Kanäle konzipiert werden.[33] Plattformen und Netzwerken sichern Flexibilität und verbessern die Wertschöpfung.[34]

---

[28] Vgl. Papenbrock, Jochen / Handelsblatt Media Group GmbH & Co. KG (Hrsg.) (2018), 3. Abschnitt im Hauptframe (siehe Internetverzeichnis).
[29] Vgl. Ottersbach, Thomas / Ottersbach Consulting (Hrsg.) (2016), 2. Abschnitt im Hauptframe (siehe Internetverzeichnis).
[30] Vgl. finanzen.net GmbH (Hrsg.) (2018), 6. und 7. Abschnitt im Hauptframe (siehe Internetverzeichnis).
[31] Vgl. Brühl, Volker / Dorschel, Joachim (2017), S. 5.
[32] Vgl. ebenda, S. 5.
[33] Vgl. ebenda, S. 5.
[34] Vgl. ebenda, S. 5.

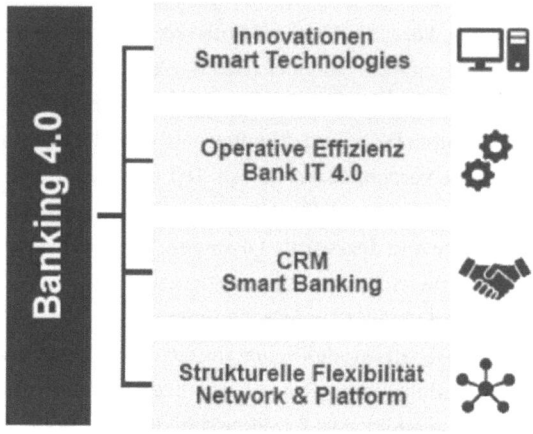

Abb. 2: Handlungsfelder des Banking 4.0
Quelle: Eigene Darstellung, in Anlehnung an Brühl, Volker / Dorschel, Joachim (2017), S. 5.

Digitalisierung und digitale Technologien treiben die Entwicklung neuer innovativer Produkte und Dienstleistungen im Bankensektor voran. So wird beispielsweise die klassische Überweisung von Instant Payment abgelöst, Robo Advisor treffen Anlageentscheidungen und Smart Contracts bilden neuartige Vertragsformen.[35] Analyseinstrumente erkennen Kundenverhalten und -bedürfnisse, können Risiken messen und mit Wahrscheinlichkeiten vorhersagen.

All diese Produkte und Dienstleistungen können mithilfe von digitalisierten Workflows schneller und kostengünstiger vertrieben werden. Ebenso können das Bankcontrolling, das Reporting und das Risikomanagement durch den Einsatz von neuen digitalen Technologien im Prozessablauf verbessert werden. Viele Tätigkeitsfelder können in Gänze durch die Bank IT 4.0 von Computern übernommen werden.[36]

Digitalisierung ermöglicht es Kredit- und Finanzdienstleistungsinstituten über vielfältige Kanäle mit ihren Kunden in Kontakt zu treten und Geschäfte

---

[35] Vgl. Neuhaus, Carla / Verlag Der Tagesspiegel GmbH (Hrsg.) (2017), 3. Abschnitt im Hauptframe (siehe Internetverzeichnis).
[36] Vgl. Brühl, Volker / Dorschel, Joachim (2017), S. 5.

abzuwickeln. Multi-Channel-Banking soll hin zum Omni-Channel-Banking entwickelt werden. Unterschied hierbei ist, dass die verschiedenen Kanäle auf einheitlicher Datenbasis funktionieren und kanalübergreifend die selben Funktionen ermöglichen.[37] So können beispielsweise Transaktionen über verschiedene Endgeräte, aber in gleicher Weise abgewickelt werden. Ein weiteres Handlungsfeld des Smart Banking ist das sogenannte Mass Customization, bei welchem, durch Analyse der Kundendaten, kundenspezifische Produkte angeboten werden.[38] Ziel ist es, einen möglichst nachhaltigen langen Kundenlebenszyklus herzustellen. Tools, Apps und Social Media sollen den Kunden an die Bank binden.

Ein weiteres Handlungsfeld von Banking 4.0 ist das Arbeiten in Netzwerken und die Verschlankung der Wertschöpfungskette.[39] Aktivitäten auszulagern und Teile der Wertschöpfungskette von anderen Instituten einzukaufen, kann äußert kosteneffizient sein. Durch digitale Technologien sind Schnittstellen, Clouds, Plattformen und digitale Netzwerke durch mehrere Kontrahenten nutzbar.

Banken können grundsätzlich, durch Digitalisierung und digitale Technologien, Prozesse verschlanken, beschleunigen und kostengünstiger gestalten. Gewonnene Zeit kann in die Kundenbeziehung investiert werden. Digitale Vertriebskanäle bringen neue Kundennähe und Möglichkeiten der Interaktion. Produkte und Dienstleistungen können über mehrere Wege vertrieben werden. Die Interaktion mit anderen Instituten kann ebenso genutzt werden. Das bringt neue Kostenersparnismöglichkeiten und Konzentration auf Kernkompetenzen.

2.3 Digitalisierung und digitale Transformation im Bankensektor

Digitalisierung verändert den Bankensektor. Neue Geschäftsmodelle drängen auf den bestehenden Bankenmarkt, die Kundenanforderungen verändern sich und es ergeben sich mit digitalen Technologien neue Möglichkeiten. Es wird von digitaler Transformation gesprochen, sobald sich ein Institut oder die gesamte Branche transformiert, wenn es zum Einsatz digitaler Technologien kommt.[40] Genau dieser

---

[37] Vgl. Petznick, Anne / T-Systems Multimedia Solutions GmbH (Hrsg.) (2013), 1., 2. und 4. Abschnitt im Hauptframe (siehe Internetverzeichnis).
[38] Vgl. Brühl, Volker / Dorschel, Joachim (2017), S. 8.
[39] Vgl. ebenda, S. 9.
[40] Vgl. Vertical Media GmbH (Hrsg.) (2018d), 1. und 2. Abschnitt im Hauptframe (siehe Internetverzeichnis).

Prozess lässt sich auf dem Bankenmarkt beobachten. Bestehende Bankgeschäftsmodelle nicht zu digitalisieren würde bedeuten, sich den neuen Marktanforderungen nicht anzupassen. Durch eine Vielzahl von Finanzdienstleistungs- und Kreditinstituten würden Kunden bei Nichterfüllung der Anforderungen möglicherweise zu Konkurrenten wechseln, welche geforderte Lösungen anbieten. Digitalisierung im jeweiligen Institut umzusetzen, sichert unter derzeitigen Marktsituationen zumindest das Erfüllen der Hygienefaktoren.[41] Beispielsweise wird die Möglichkeit geschaffen, die Bankprodukte und Dienstleistungen über digitale Vertriebswege abzuschließen. Ein bereits bestehender Verkaufsprozess wird beispielsweise auf die digitale Basis des Online Bankings gehoben. Von digitaler Transformation im Bankensektor kann gesprochen werden, wenn durch den Einsatz digitaler Technologien eine neue und innovative Geschäftsidee verfolgt wird.[42] Hierbei findet eine Transformation der bisherigen Bankleistung statt. Beispielsweise könnten Institute durch die Auswertung von Kundeninformationen völlig automatisierte Anlageempfehlungen geben. Kredit- und Finanzdienstleistungsinstitute, die sich digitalen und innovativen Geschäftsideen widmen, lassen sich mitunter der Gruppe der FinTechs zuordnen.

2.4 FinTechs als neue innovative Finanzdienstleister

Der Begriff FinTech ist abgeleitet von Financial Technology.[43] Offensichtlich ist, dass der Gebrauch von digitalen Technologien im Vordergrund steht.

---

[41] Vgl. SAP Deutschland SE & Co. KG (Hrsg.) (2018), 8. Abschnitt im Hauptframe (siehe Internetverzeichnis).
[42] Vgl. Appelfeller, Wieland / Feldmann, Carsten (2018), S. 8 f.
[43] Vgl. Braune, Alexander / Landau, Christian (2016), S. 504.

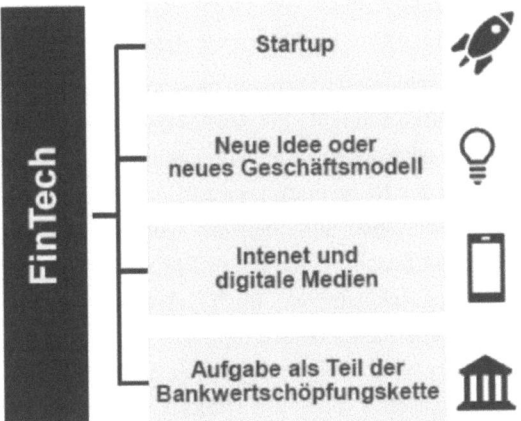

Abb. 3: Merkmale von FinTechs
Quelle: Eigene Darstellung, in Anlehnung an Sopra Steria SE (Hrsg.) (o. J.), S. 1.

FinTechs zeichnen sich insbesondere dadurch aus, dass sie als Startups kategorisiert werden können, die Unternehmensgründung also noch in naher Vergangenheit liegt, sie eine neue digitale Idee oder ein neues Geschäftsmodell entwickelt haben, dass dieses Modell auf dem Internet und mobilen Endgeräten basiert und dass ein Teil der bankspezifischen Wertschöpfungskette übernommen wird.[44] Oftmals bilden diese noch relativ jungen Unternehmen nur einen Teilbereich der Wertschöpfungskette eines traditionellen Kreditinstituts ab. Übliche Marktsegmente sind Digital Payments mit beispielsweise mobilen Anwendungen, Alternative Financing, über Crowdfunding und Crowdinvesting, Alternative Lending, zum Beispiel über Peer-to-Peer-Plattformen und Personal Finance mit Robo Advisors.[45]

Nach einer McKinsey and Company Studie sind deutsche FinTechs vor allem im Sektor der Privatkunden besonders aktiv.[46] Die häufigste Produktsparte in dieser Kundengruppe ist der Zahlungsverkehr durch seine niedrigen Markteintrittshürden.[47] Bisher wenig präsent sind deutsche FinTechs in den Kundensegmenten kleinere- und mittlere Unternehmen und insbesondere im Segment der Großunter-

---

[44] Vgl. Sopra Steria SE (Hrsg.) (o. J.), S. 1.
[45] Vgl. Statista, Inc. (Hrsg.) (2018), 3. Abschnitt im Hauptframe (siehe Internetverzeichnis).
[46] Vgl. Drummer, Daniel u.a. (2016), S. 3 f.
[47] Vgl. ebenda, S. 3 f.

nehmen.[48] Hier geht McKinsey allerdings von einem wachsenden Marktanteil durch FinTechs aus.[49]

FinTechs sind in aller Regel agil, schlank und bringen neue innovative Ideen auf den Bankenmarkt. In den letzten Jahren schnellte die Anzahl der FinTechs in Deutschland in die Höhe. Auch der Marktanteil dieser Unternehmen im Bankensektor steigt, trotzdem geht die Anzahl der Neugründungen zurück.[50] Im Jahr 2015 konnten die häufigsten FinTech-Gründungen dokumentiert werden.[51] Die Anzahl der Startups bis Ende 2017 stieg um beachtliche 32 %.[52] Die Venture Capital-Investments sind jedoch weiterhin auf Rekordniveau hoch.[53] Trotzdem geht beispielsweise der Firmengründer und ehemalige Geschäftsführer der Allgemeiner Wirtschaftsdienst Holding AG, Carsten Maschmeyer, davon aus, dass nur rund zehn Prozent der FinTechs weiterhin existieren werden.[54] Oftmals werden FinTechs auch durch traditionellere Kredit- und Finanzdienstleistungsunternehmen übernommen und teilweise in die Wertschöpfungskette integriert. Oft können sich FinTechs schlichtweg auch nicht auf dem Markt beweisen. Ähnliche aber teilweise äußerst riskante Geschäftsmodelle, kaum Abgrenzung zum Wettbewerb, wenig Know-how, schwache Markenführung, regulatorische Anforderungen und wenig Kapital sind typische Gründe für das Scheitern von FinTechs.[55]

2.5 Die Chancen disruptiver Geschäftsmodelle im Bankensektor

Zerschlagung und Umwälzung scheinen zunächst negativ konnotierte Begriffe. Nichtsdestotrotz können disruptive Geschäftsmodelle Innovationen vorantreiben und Unternehmen eine Pionierstellung in der jeweiligen Branche verschaffen. Im Bankensektor sind es oftmals die FinTechs, welche innovative Produkte, Dienstleistungen und Prozesse zum ersten Mal in den Markt einführen. Traditionelle Banken sind oft schwerfällig und hinken schnellen Veränderungen hinterher. Dies ist auch

---

[48] Vgl. ebenda, S. 3.
[49] Vgl. ebenda, S. 3.
[50] Vgl. comdirect bank AG (Hrsg.) (2017), S. 10, 12.
[51] Vgl. ebenda, S. 12.
[52] Vgl. ebenda, S. 3, 12.
[53] Vgl. ebenda, S. 14.
[54] Vgl. Deutsche WirtschaftsNachrichten (Hrsg.) (2015), 5. Abschnitt im Hauptframe (siehe Internetverzeichnis).
[55] Vgl. The Motley Fool GmbH / wallstreet:online AG (Hrsg.) (2016), 4., 5., 9.-12. und 15. Abschnitt im Hauptframe (siehe Internetverzeichnis).

der Grund, weshalb Großbanken diese FinTechs mit neuen Geschäftsideen aufkaufen oder mit ihnen kooperieren, um einen Teil der Wertschöpfung zu übernehmen. Bei der Entwicklung eines völlig neuen Geschäftsmodells ist es erforderlich, den Markt und das Marktumfeld zum aktuellen Stand zu analysieren. Auch Kundenanforderungen oder Kundenerwartungen können als Ausgangspunkt genutzt werden. Produkte, Dienstleistungen und alle Customer Touchpoints werden demnach unter Berücksichtigung der geänderten Bedingungen konzipiert. Des Weiteren können Prozesse und Unternehmensstrukturen, in neuen disruptiven Geschäftsmodellen, zielgenauer an aktuellen rechtlichen Rahmenbedingungen ausgerichtet werden.

Innovationen und neue Lösungen ziehen die Aufmerksamkeit möglicher Konsumenten auf sich. Mit einer revolutionären neuen Lösung auf aufkommende Fragen und Wünsche, kann sich ein Institut eine Monopolstellung erarbeiten und eine enorme Bekanntheitssteigerung erlangen. Das ehemalige Berliner FinTech Number26 GmbH beispielsweise, welches zu N26 umfirmierte, warb als erste mobile Bank Europas, welche Bankdienstleistungen anbot, die vollständig über Smartphones gesteuert und abgeschlossen werden können.[56] Eine solche neuartige Idee brachte dem Institut ein erhebliches Kundenwachstum und enorme Bekanntheitssteigerung.[57] Neue Ideen können Unternehmen teilweise auch eine Pionierstellung verschaffen, bei welcher ein Unternehmen durch das erstmalige Eintreten in ein neues Marktsegment einen besonderen Wettbewerbsvorteil erlangt.[58] Pionieren wird eine hervorragende Umsetzung neuer, bisher nie dagewesener Ideen und Konzepten zugeschrieben. Eine Abgrenzung zum Wettbewerb ist eine weitere Chance, die sich aus einem disruptiven Geschäftsmodell ergeben kann. Im Bankensektor, welcher durch eine Vielzahl ähnlicher, substituierbarer Leistungen geprägt ist, ist eine Abgrenzung von Wettbewerbern von großer Bedeutung. Mehrere Institute mit gleichen Merkmalen, gleichen Leistungen und gleichen Preisen in einem Segment machen sich gegenseitig überflüssig. Alleinstellungsmerkmale und neue

---

[56] Vgl. Braune, Alexander / Landau, Christian (2016), S. 504.
[57] Vgl. Schlenk, Caspar Tobias / Vertical Media GmbH (Hrsg.) (2017), 2., 3., 5. und 6. Abschnitt im Hauptframe (siehe Internetverzeichnis).
[58] Vgl. Wirtschaftslexikon24 (Hrsg.) (2018), 1. Abschnitt im Hauptframe (siehe Internetverzeichnis).

innovative Angebote können Gründe für eine enorme Umsatzsteigerung oder das zusätzliche Einnehmen eines Preispremiums sein.[59]

Nicht nur ein besonderes Interesse möglicher Konsumenten an einem Unternehmen mit einem disruptiven Geschäftsmodell ist eine mögliche Chance, sondern auch die Aufmerksamkeit seitens der Shareholder und Investoren, welche sich ein extremes Wachstum erhoffen. Als Beispiel können hier Investitionen speziell in deutschen FinTechs angeführt werden. Die Investitionen mit Venture Capital sind in den letzten Jahren enorm gestiegen. Innerhalb der Jahre 2012 bis 2016 haben sich die Investitionen durch Wagniskapital mehr als verzwölffacht.[60] Allein N26 hat seit der Gründung 2013 bereits 215 Millionen US-Dollar an Investitionsvolumen sammeln können.[61] Vielversprechende neue Ideen können also Auslöser für hohe Aufmerksamkeit durch Investoren sein und die weitere Umsetzung innovativer Strategien sichern.

Im derzeitigen Umfeld ist die Fokussierung auf kostengünstige mobile und Online-Vertriebswege sinnvoll.[62] Ebenso kostengünstig sind die eher schlanken operativen Prozesse innerhalb des Instituts. Disruptive Unternehmen, die die Vorteile von Digitalisierung und Automatisierung nutzen, können die Chance wahrnehmen, operative Kosten zu reduzieren.[63] Des Weiteren schaffen die kleinen Produkt- und Dienstleistungsportfolios Transparenz und Übersichtlichkeit. Ebenso ist die Konzentration auf Kernkompetenzen von Vorteil. Einem disruptiven Geschäftsmodell wird eine enorme Steigerung des Kundennutzens unterstellt.[64] Die Zusammenarbeit mit dem Kunden und die passgenaue Anforderungserfüllung ist für Startups und junge Unternehmen erleichtert. Sie zeichnen zudem ein hohes Maß an Flexibilität und Anpassungsfähigkeit an neue Anforderungen und Rahmenbedingungen aus.

---

[59] Vgl. Drummer, Daniel u.a. (2016), S. 5.
[60] Vgl. CMS Hasche Sigle Partnerschaft von Rechtsanwälten und Steuerberatern mbB u.a. (2017), S. 13.
[61] Vgl. N26 GmbH (Hrsg.) (2018), S. 1.
[62] Vgl. Braune, Alexander / Landau, Christian (2016), S. 504.
[63] Vgl. Drummer, Daniel u.a. (2016), S. 5.
[64] Vgl. Braune, Alexander / Landau, Christian (2016), S. 500.

2.6 Verändertes Kundenverhalten und neue Anforderungen der Bankkunden

Ein Vorteil vieler FinTechs und disruptiver, junger Institute ist das hohe Maß an Kundenorientierung. Neue Innovationen und digitale Technologien werden aufgrund veränderter Kundenpräferenzen und Kundenwünschen entwickelt. Neue Geschäftsideen entstehen durch das Beobachten und das Wahrnehmen von Konsumenteninteressen. Die Digitalisierung an sich ist bereits ein Treiber für verändertes Kundenverhalten. Durch hohen Konkurrenzdruck sind die Institute gezwungen, auf neue Anforderungen zu reagieren und nutzen den digitalen Wandel nicht nur zum Selbstzweck.

Durch das Internet und die mobilen Vertriebskanäle, die die meisten Kredit- und Finanzdienstleistungsinstitute anbieten, erwarten viele Kunden Bankleistungen und Möglichkeiten des Produktabschlusses unabhängig von Ort und Zeit. Omni-Channel-Banking stellt hierbei eine ganzheitliche, aber auch komplexe Lösung dar. Anders als beim Multi- und Cross-Channel-Banking spielen hierbei alle Kontaktpunkte zum Kunden zusammen und ergänzen sich gegenseitig.[65] Die meisten Bankkunden nutzen fünf Kanäle der Bank, lediglich 3 % nutzt ausschließlich einen einzigen.[66]

Durch vielfältige Kanäle ist der Kunde ein hohes Maß an Kommunikation bereits gewöhnt. Dennoch erwarten viele Konsumenten ein aktives Informationsverhalten der Bank und persönliche Interaktion.[67] Eine persönliche Beratung ist trotz diverser Vertriebskanäle und Digitalisierung von hoher Relevanz. 93 % der deutschen Bankkunden empfinden einen persönlichen Ansprechpartner in der Bank als wichtig.[68] Fast die Hälfte der Generation der sogenannten Millennials möchten lieber persönlich durch einen Bankmitarbeiter beraten werden als per Mail oder online.[69] Nach einer Studie von Diebold Nixdorf Inc., wollen lediglich 11 % der Bankkunden ausschließlich digitale Kanäle nutzen.[70] Trotz des Wunsches nach persönlicher

---

[65] Vgl. S.A.S Critizr (Hrsg.) (2017), 3.-5. und 10. Abschnitt im Hauptframe (siehe Internetverzeichnis).
[66] Vgl. Diebold Nixdorf Inc. (Hrsg.) (2016), S. 1.
[67] Vgl. Sopra Steria GmbH (Hrsg.) (2016), S. 5 f.
[68] Vgl. ebenda, S. 10.
[69] Vgl. Diebold Nixdorf Inc. (Hrsg.) (2016), S. 1.
[70] Vgl. ebenda, S. 1.

Beratung ist das Informationsbeschaffungsverhalten des Kunden ein verändertes. In allen Produktsegmenten informieren sich 72 - 87 % der Privatkunden im Internet vor dem tatsächlichen Abschluss über angebotene Produkte.[71] Die erneuerten Anforderungen des Kunden sind Beratungsleistungen von höchster Qualität und ein enormes Fachwissen des Beraters. Eine weitere Erwartungshaltung ist das hohe Maß an Transparenz und Verständlichkeit des Produktangebots.[72] Das Internet ermöglicht ein Vergleichen der Produkte und Dienstleistungen unterschiedlicher Institute. Dies ist auch ein Grund für gesteigerte Preissensibilität. Im derzeitigen Umfeld ist der Kunde bereit, Angebote unterschiedlicher Kredit- und Finanzdienstleistungsinstitute auf Preis und Produkteigenschaften zu vergleichen. Diese sollen in übersichtlicher und verständlicher Form über die unterschiedlichen Vertriebskanäle der Bank abrufbar sein.

Auch, wenn die Bankkunden im Allgemeinen einheitliche und übersichtliche Informationen wünschen, so ist trotzdem für 91% der Kunden ein maßgeschneidertes und auf die persönliche Situation abgestimmtes Produkt- und Beratungsangebot wichtig.[73]

Obwohl sich die Wechselbereitschaft vieler Bankkunden erhöht hat, orientieren sich beispielsweise 60% der Internet nutzenden Bankkunden an Marken.[74] Erreicht eine Bank ein äußerst positives Markenerlebnis und positioniert sich als attraktive Bankmarke, können Kundenabwanderungen verhindert werden. Besondere Loyalität entwickeln Kunden bei einem besonders positiven Konsum- und Markenerlebnis.[75] Auch im Bankensektor erwarten Konsumenten in der Regel ein gewisses Maß an Unterhaltung und Markengeschichten. Sogenannter Brand Content ist vor allem im digitalen Bankenauftritt ein entscheidender Erfolgsfaktor geworden.[76]

Um einen Wiedererkennungswert der Bank und der Bankmarke zu sichern, müssen sich Banken der Anforderung stellen, alle Customer Touchpoints auf allen Kanälen ähnlich zu gestalten. Auf dem gesamten sogenannten Customer Journey soll der Kunde mit einer positiv konnotierten, einheitlichen und gefestigten Marke

---

[71] Vgl. Sopra Steria GmbH (Hrsg.) (2015), S. 2.
[72] Vgl. Sopra Steria GmbH (Hrsg.) (2016), S. 19.
[73] Vgl. ebenda, S. 20.
[74] Vgl. Böhnke, Werner / Rolfes, Bernd (Hrsg.) (2015), S. 21.
[75] Vgl. ebenda, S. 21.
[76] Vgl. Baetzgen, Andreas / Tropp, Jörg (Hrsg.) (2013), S. V.

konfrontiert werden. Ebenso bedeutsam ist hierbei das bewusste Gestalten der User Experience, insbesondere bei digitalen Vertriebskanälen. Ein positives Nutzungserlebnis sichert die Kundenloyalität gegenüber der Marke und verringert die Wechselbereitschaft.

Abb. 4: Veränderte Anforderungen der Bankkunden
Quelle: Eigene Darstellung.

3 Die Grundlagen des Markenmanagements

3.1 Einordnung des Markenmanagements in den Marketingmanagementprozess

Für neue oder bestehende Unternehmen ist das Markenmanagement nur ein Teil der gesamtheitlichen Unternehmensführung. Entsteht beispielsweise ein neues Kredit- oder Finanzinstitut, werden zu Beginn nicht zwangsläufig Markeneigenschaften festgelegt. Vielmehr werden übergeordnete Unternehmensziele und Unternehmenstätigkeiten formuliert.[77] Zu Beginn der Entstehung eines Unternehmens ist der Unternehmenszweck, mit allen Differenzierungen zu bestehenden Unternehmen mit ähnlichem Zweck, festzuhalten.[78] Hieraus können des Weiteren konkrete Unternehmenstätigkeiten, Ziele und Unternehmensstrategien entwickelt werden.[79] Aus diesen Elementen der strategischen Unternehmensführung können im weiteren Verlauf Eigenschaften des strategischen Marketingmanagements abgeleitet werden. Hierzu gehören Marketingziele und übergeordnete Marketingstrategien. Erst im nächsten Prozessschritt werden Vorgehensweise und Eigenschaften des Markenmanagements formuliert. Die strategische Planung bedingt die operative Umsetzung des Markenmanagements und so folgt nach dem strategischen Markenmanagement das operative Markenmanagement.[80] Die operative Umsetzung der vorher formulierten Strategien folgt grundsätzlich dem sogenannten Marketingmix, bestehend aus Produkt-, Preis-, Vertriebs- und Kommunikationspolitik.[81] Um diese Aktivitäten umzusetzen, bedarf es einer Organisation und Controllingprozessen, die die Zielerreichung und Ähnliches kontrollieren.[82]

Eine Unternehmensmarke sollte sich in aller Regel ähnlich der Unternehmenspositionierung ausrichten. Die Unternehmensziele sind den Markenzielen grundsätzlich übergeordnet und bilden eine Grundlage für diese.[83] Unternehmensziele und Markenziele sollten nicht in Konkurrenz zueinander stehen und sich gegenseitig stören.

---

[77] Vgl. Adjouri, Nicholas (2014), S. 157.
[78] Vgl. Müller, Hans-Erich (2017), S. 21 f.
[79] Vgl. ebenda, S. 23.
[80] Vgl. Homburg, Christian (2016), S. 1207.
[81] Vgl. Homburg, Christian (2014), S. 163.
[82] Vgl. Müller, Hans-Erich (2017), S. 26 f.
[83] Vgl. Adjouri, Nicholas (2014), S. 246.

Abb. 5: Einordnung des Markenmanagements in den gesamten Unternehmensführungsprozess
Quelle: Eigene Darstellung.

3.2 Die Quintessenz des Begriffs der Marke

Marken lassen sich im Allgemeinen als eine immaterielle Sammlung von funktionalen und nicht-funktionalen Nutzen und der Vorstellungen der Konsumenten beschreiben.[84] Der Markenbegriff kann vier unterschiedliche Ansätze der Begriffserläuterung beleuchten. Rechtlich ist die Marke ein Schutzgegenstand eines Unternehmens, welcher ein Produkt, eine spezielle Dienstleistung oder das gesamte Unternehmen betrifft und vor Konkurrenten schützen soll.[85] Einen weiteren Erklärungsversuch liefert der objektbezogene Markenansatz. Hierbei wird die Marke über die Eigenschaften der Produkte und Leistungen definiert.[86] Der anbieterorientierte Ansatz beschreibt den Markenbegriff über verwendete Marketinginstrumente, die ein Unternehmen verwendet.[87] Hierbei wird eine Marke als ein abgeschlossenes Absatzkonzept betrachtet.[88] Der nachfragebezogene Markenansatz definiert die Marke aus Sicht des Nachfragers und bezieht sich auf die Markenwirkung und Markenvorstellungen des Abnehmers.[89] Grundlegend lässt sich eine Marke als die Gesamtheit aller Bestandteile beschreiben, welcher ein Konsument in der Interaktion mit einem Unternehmen und den Unternehmensleistungen wahrnimmt. In Anlehnung an den Kommunikationsforscher und Politikwissenschaftler Harold Dwight Lasswell beantwortet die Marke die Frage: "Who (product) says what (message) in which channel (media) to whom (consumer) with what effect (impact)?"[90].

Marken können sich trotz einheitlicher Definition auf verschiedene Teile des Unternehmens oder Teile der Unternehmensleistungen beziehen. Im Spektrum der Markenarchitektur unterscheidet man im Wesentlichen Branded House, Subbrands, Endorsed Brands und House of Brands.[91] Branded House beschreibt eine Unternehmensmarke. Hierbei werden alle Produkte und Dienstleistungen unter dem Markennamen des Unternehmens angeboten und vertrieben. In aller Regel ist das auch die gewählte Strategie im Bankensektor. Bankprodukte aus einem Haus

---

[84] Vgl. Burmann, Christoph u.a. (2015), S. 28; Adjouri, Nicholas (2014), S. 199.
[85] Vgl. Baumgarth, Carsten (2014), S. 3.
[86] Vgl. ebenda, S. 3.
[87] Vgl. Willrodt, Karsten (2004), S. 13.
[88] Vgl. Baumgarth, Carsten (2014), S. 4.
[89] Vgl. ebenda, S. 5.
[90] Baetzgen, Andreas (Hrsg.) (2011), S. 4.
[91] Vgl. Sattler, Henrik / Völckner, Franziska (2013), S. 125.

unter verschiedenen Marken zu vertreiben ist oftmals nicht sinnvoll, da die Produktportfolios ohnehin durch die Immaterialität schwer greifbar für Konsumenten erscheinen.[92] Diese Strategie wird oftmals auch als singuläre Markenstrategie bezeichnet, bei welcher nur ein Markenname verwendet wird.[93] Dienstleistungsmarken werden für gewöhnlich als singuläre Unternehmensmarke geführt, um alle angebotenen immateriellen Dienstleistungen unter einer Bezeichnung und Positionierung zu vereinen.[94] Eher ungewöhnlich für Kredit- und Finanzinstitute ist die Entwicklung von Subbrands. Hierbei wird die Unternehmensmarke durch Submarken modifiziert.[95] Einen erheblichen Schritt in Richtung Unabhängigkeit von der Unternehmensmarke ist die Endorsed Brand-Strategie. Hier findet lediglich eine Stützung der Einzelmarken durch die Stammmarke statt. Das Führen von Einzelmarken, ohne offensichtliche Stützung der Dachmarke, wird als House of Brands bezeichnet.[96] Einzelmarkenstrategien sind für Bankprodukte allerdings nicht sinnvoll und verfehlen durch Markenverwässerung und Überdehnung ihren eigentlichen Zweck.[97]

3.3 Die wesentlichen Funktionen einer Marke

Die vielen Funktionen und Zwecke, die Marken zu erfüllen haben, rechtfertigen die hohe Aufmerksamkeit des Unternehmens auf diese. Die hohe Relevanz einer Marke für den Unternehmenserfolg bewies McKinsey in einer Studie mit 130 Unternehmen.[98] Der Total Shareholder Return (TSR), also die Aktienrendite, von Unternehmen mit starken Marken lagen 1,9 % über dem Durchschnitt.[99] Unternehmen mit schwachen Marken lagen mit dem Total Shareholder Return um 3,1% unter dem Gesamtdurchschnitt.[100] Nach einer Studie von PricewaterhouseCoopers macht der

---

[92] Vgl. Baumgarth, Carsten (2014), S. 461.
[93] Vgl. Sattler, Henrik / Völckner, Franziska (2013), S. 121.
[94] Vgl. Adjouri, Nicholas (2014), S. 191.
[95] Vgl. ebenda, S. 125.
[96] Vgl. ebenda, S. 125 f.
[97] Vgl. Siegmanski, Karina (2009), S. 40.
[98] Vgl. Esch, Franz-Rudolf u.a. (2006), S. 1.
[99] Vgl. ebenda, S. 1.
[100] Vgl. ebenda, S. 1.

Wert einer Marke schätzungsweise durchschnittlich 67 % des gesamten Unternehmenswertes aus.[101]

Eine erste grundlegende Funktion einer Marke ist die Vereinfachung der Umwelt durch Differenzierung. Konsumenten und möglichen Kunden werden eine Vielzahl von Unternehmen und Produkten mit komplexen Eigenschaften und sich verkürzenden Produktlebenszyklen angeboten. Marken können vereinfachen, indem sie eine Orientierung zwischen Unternehmen und deren Leistungen geben.[102] Des Weiteren können Marken die Entscheidungsfunktion bei Konsumenten einnehmen.[103] Hierbei nehmen Marken bestimmte Eigenschaften ein, die dem Konsumenten kommuniziert werden und nach welchen eine Kauf- oder Konsumentscheidung getroffen wird. Dafür müssen Eigenschaften der Marke auf das gesamte Produktportfolio übertragen werden.

Eine alternative differenzierende Funktion ist die Herkunftsfunktion einer Marke. Die Kennzeichnung der Produkt- oder Unternehmensherkunft spielt im Bankensektor eher eine untergeordnete Rolle.[104]

Die Qualitätsfunktion, als eine ökonomische Markenfunktion, soll das Übertragen einer erwarteten Qualität auf alle Produkte und Dienstleistungen einer Unternehmens- oder Einzelmarke sichern. Weitergehend kann die Qualität der Marke auch durch spezielle gesetzliche Regelungen oder Gütesiegel, Gütezeichen und Qualitätssiegel untermauert werden.[105] Eine mit dem Qualitätsversprechen einhergehende Funktion, ist die Vertrauensfunktion. Bei der Interaktion des möglichen Kunden mit dem Unternehmen können Verhaltensunsicherheiten und Informationsasymmetrien auftreten.[106] Die Marke soll in diesem Falle bewirken, dass der Konsument trotzdem den Eigenschaften und der Qualität der Marke vertraut. Auch Prestige kann eine Marke dem Konsumenten vermitteln, indem ein bestimmtes Markenerlebnis hervorgerufen wird, welches mit einem besonderen Brand Attachment verbunden sein kann.[107]

---

[101] Vgl. Baumgarth, Carsten (2014), S. 13.
[102] Vgl. Esch, Franz-Rudolf / Armbrecht, Wolfgang (Hrsg.) (2009), S. 245.
[103] Vgl. ebenda, S. 245 f.
[104] Vgl. Sattler, Henrik / Völckner, Franziska (2013), S. 32.
[105] Vgl. ebenda, S. 32.
[106] Vgl. Burmann, Christoph u.a. (2015), S. 3.
[107] Vgl. ebenda, S. 3.

Eine weitere Funktion bildet die Werbefunktion, bei welcher die Markenidentität auf alle Produkte übertragen wird.[108] Die Marke stellt hierbei das Kommunikationsmedium dar und sichert die Individualität und Zugehörigkeit der Leistungen.

Abb. 6: Markenfunktionen
Quelle: Eigene Darstellung.

3.4 Die möglichen Zieldefinitionen einer Marke

Markenziele sollten niemals entgegen der übergeordneten Unternehmensziele formuliert werden.[109] Das wohl essenziellste Ziel eines wirtschaftlich agierenden Unternehmens mit Gewinnerzielungsabsicht ist, das Bestehen des Unternehmens zu sichern. Bestehen kann ein Unternehmen nur dann, wenn es auch tatsächlich

---

[108] Vgl. Sattler, Henrik / Völckner, Franziska (2013), S. 32.
[109] Vgl. Adjouri, Nicholas (2014), S. 246.

Umsatz und darüber hinaus bestenfalls Gewinne erzielt. Nichtsdestotrotz streben Unternehmen nach einer Vielzahl weiterer Ziele, wie den nicht-finanzielle Ziele der Nachhaltigkeit, Bekanntheit oder Kundenzufriedenheit. Aus dem Hauptziel eines Unternehmens mit Gewinnerzielungsabsicht kann auch das übergeordnete Ziel einer Marke abgeleitet werden – das Bestehen der Marke sichern, als Globalziel. Im Weiteren werden speziellere Markenziele festgelegt, die teilweise deutlich feiner formuliert werden können als übergeordnete Unternehmensziele. Ähnlich der Unternehmensziele verfolgen Markenziele ökonomische und verhaltensbezogene beziehungsweise psychografische Ziele.[110]

Ökonomische Zieldefinition könnte die Steigerung des Markenwertes sein, wobei sich die Brand Specific Earnings bei angenommenem gleichbleibenden Kalkulationszinssatz erhöhen müssten.[111] Eine Generierung höherer Umsatzerlöse und eine Stabilität der Einnahmen, ausgelöst durch eine Marke, sind hierbei abgeleitete Ziele.[112] Weitere Ziele sind, einen konkreten prozentualen Marktanteil zu gewinnen, eine bestimmte prozentuale Marktdurchdringung in einer Periode zu erzielen oder eine Kaufhäufigkeit, als Messgröße für Loyalität, zu verzeichnen.[113] Bei einer besonders vorteilhaften Marktposition einer Marke kann es eine Zielgröße sein, eine monopolistische Stellung einzunehmen und Markteintrittsbarrieren für potenzielle Wettbewerber zu schaffen.[114] Eine weiterführende Zielvorstellung könnte das Einnehmen einer Markenführerschaft, zum Beispiel über den höchsten Marktanteil sein.[115] Wachstum des Marktanteils kann auch über eine räumliche Erweiterung der Marke auf beispielsweise internationalen Märkten erfolgen.[116] Ökonomische Kennzahlen und ein hoher Marktwert können die Verfügbarkeit von Eigen- und Fremdkapital sichern und ein besonderes Interesse von Aktionären auf sich ziehen. Kapital kann die Innovationsfähigkeit sichern und der Grundstein für neue Technologien sein. Innovationsführerschaft könnte ein Ziel einer Marke bilden.[117] Markenbekanntheit ist eine Markenzielgröße, welche einen ökonomischen

---

[110] Vgl. Burmann, Christoph u.a. (2015), S. 96.
[111] Vgl. Sattler, Henrik / Völckner, Franziska (2013), S. 219.
[112] Vgl. Sponheuer, Birgit (2010), S. 39.
[113] Vgl. Baumgarth, Carsten (2014), S. 71.
[114] Vgl. Sponheuer, Birgit (2010), S. 39.
[115] Vgl. Adjouri, Nicholas (2014), S. 159.
[116] Vgl. ebenda, S. 159.
[117] Vgl. Sponheuer, Birgit (2010), S. 39.

Charakter aufweist, aber die Schnittstelle zwischen den verhaltensbezogenen und psychografischen Markenzielen bildet.[118] Verhaltensbezogene beziehungsweise psychografische Ziele werden für die Stakeholder einer Marke formuliert. Das sind die Kunden, Mitarbeiter, Geschäftspartner, Wettbewerber, Investoren, der Staat, Aufsichtsorgane, Gewerkschaften, Verbände, Medien, Wissenschaft, potenzielle Kunden und die allgemeine Gesellschaft. Trotz vieler Anspruchsgruppen, nach denen eine Marke ausgerichtet werden kann, sollte ein besonderes Augenmerk auf den eigentlichen Grund des Bestehens eines Unternehmens und einer Marke gerichtet werden – auf den Kunden. Unternehmens- und Markenzweck ist in aller Regel, bei Unternehmen mit Gewinnerzielungsabsicht, der Absatz von Produkten und Dienstleistungen an Kunden. Deshalb sollte auch ein besonderer Fokus auf Kunden und mögliche Neukunden gelegt werden. Ziel einer Marke ist es, ein bestimmtes Markenimage, also ein bestimmtes Vorstellungsbild bei Konsumenten und allen weiteren Stakeholdern hervorzurufen.[119] Dieses Image soll unter anderem den Erstkauf eines Produktes oder einer Dienstleistung der Marke veranlassen.[120] Ein weiteres verhaltensbezogenes Markenziel ist der Wiederkauf hin zu einer Markentreue und dem Aufbau einer langfristigen Kundenbeziehung.[121] Hiermit verknüpft ist auch das Ziel der Kundenzufriedenheit.[122] Besonders loyale Kunden empfehlen Marken und deren Leistungen an Personen in ihrem Umfeld weiter und erweitern somit Kaufhäufigkeit und Markenbekanntheit. Ein psychografisches Markenziel, welches über bisher genannte Zielgrößen hinausgeht, ist das Brand Attachment. Dies beschreibt eine besonders starke Verbundenheit des Konsumenten zu einer Marke oder einem Produkt.[123] Zwei besondere Komponenten beschreibt das Brand Attachment. Zum einen ist das die Brand-Self Connection, die die Verbindung und die Gemeinsamkeit der Marke zu den persönlichen Eigenschaften des Kunden beschreibt.[124] Zum anderen ist es die Brand Prominence, die Repräsentanz der Marke im Gedächtnis des Konsumenten.[125]

---

[118] Vgl. Esch, Franz-Rudolf / Armbrecht, Wolfgang (Hrsg.) (2009), S. 106.
[119] Vgl. Esch, Franz-Rudolf / Armbrecht, Wolfgang (Hrsg.) (2009), S. 106 f.
[120] Vgl. Sponheuer, Birgit (2010), S. 39.
[121] Vgl. Burmann, Christoph u.a. (2015), S. 107.
[122] Vgl. ebenda, S. 107.
[123] Vgl. ebenda, S. 107.
[124] Vgl. Fischer, Dirk (2018), S. 22.
[125] Vgl. ebenda, S. 22.

Eine für den Marken- und Unternehmenserfolg maßgebliche Gruppe der Stakeholder sind die Mitarbeiter. Ziel einer Marke kann es über erfolgreiches Employer Branding sein, ein Brand Citizenship Behaviour zu erzeugen. Hierbei ist das Verhalten eines Mitarbeiters konform der Markenidentität.[126] Mitarbeiter vermitteln das Markenwissen an alle weiteren Stakeholder und sind mit ihrem Verhalten und ihrem Arbeitseinsatz maßgeblich am Unternehmenserfolg beteiligt.[127] Eine besonders starke Markenverbundenheit seitens der Mitarbeiter wird als Brand Commitment bezeichnet und bringt nachweislich eine Vielzahl positiver verhaltensbezogener Aspekte mit sich. Mitarbeiter mit hohem Brand Commitment weisen deutlich weniger Fehltage auf, erfüllen Kundenwünsche mit einer höheren Genauigkeit und empfehlen Produkte, Dienstleistungen oder das Unternehmen als Arbeitgeber deutlich häufiger an Bekannte.[128] Neben dem Brand Commitment kann auch die reine Mitarbeiterzufriedenheit ein Ziel der Markenführung sein. Mitarbeiter zu Markenbotschaftern zu entwickeln, hat für die Marke, intern als auch extern, enorme ökonomische Vorteile.

---

[126] Vgl. Burmann, Christoph u.a. (2015), S. 100.
[127] Vgl. Sponheuer, Birgit (2010), S. 39.
[128] Vgl. Burmann, Christoph u.a. (2015), S. 103.

4 Ein Konzept zur Etablierung einer Bankmarke

4.1 Strategische Prozessschritte zur Etablierung einer Marke

Im Folgenden entsteht ein neues ganzheitliches Konzept zur Etablierung einer Marke, welches speziell die Anforderungen und Besonderheiten des Bankensektors berücksichtigt. Anhand dieses Konzeptes soll es für neue Gamma-Marken, also sehr junge Marken oder Marken im Entstehungsprozess, möglich sein, alle relevanten Prozessschritte zu durchlaufen, um schlussendlich ein strategisches Markenkonzept vorliegen zu haben.

Grundsätzlich folgen die meisten Managementprozesse den vier Schritten Analyse, Planung, Umsetzung und Kontrolle.[129] Auch bei der Entwicklung des folgenden Konzeptes ist diese Grundstruktur sinnvoll, aber nicht vollumfänglich ausreichend. Vor allem der erste Analyseschritt wird oftmals zu schmal gehalten, weshalb viele Marken und junge Finanzdienstleistungsinstitute nicht lange auf dem Markt existieren. Grund hierfür sind vor allem, die zu wenig berücksichtigten Konsumentenbedürfnisse, zu wenig Analyse des Ausgangsmarktes und die Entwicklung einer wenig innovativen, nicht wettbewerbsfähigen, sich nicht abgrenzenden Marke.[130] Ein Konzept, welches über den traditionellen Managementprozess hinausgeht, ist beispielsweise das Design Thinking. Dies beschreibt eine Vorgehensweise zur kreativen Problemlösung, welche sich explizit deutlich näher an den Konsumentenwünschen und deren Bedürfnissen orientiert.[131] Bei der Anwendung zur Markenimplementierung kann dieses Konzept sicherstellen, dass eine Marke nicht an Kundenbedürfnissen vorbei entsteht und positioniert wird. Eine umfassende Analyse zu Konkurrenzmarken sollte stattfinden. Die Prozessschritte der analytischen Phase sind hier Empathize, Define und Ideate.[132] Die Planung umfasst Prototype und Test.[133] Die Umsetzung des entwickelten Konzeptes erfolgt über den Prozessschritt Implement.[134] Das nachfolgende Konzept soll sich stark am Design Thinking

---

[129] Vgl. Bruhn, Manfred (2014), S. 37 f.
[130] Vgl. Breiter, Isabel Barbara (2012), S. 19 f.
[131] Vgl. Vertical Media GmbH (Hrsg.) (2018e), 1. und 2. Abschnitt im Hauptframe (siehe Internetverzeichnis).
[132] Vgl. Cohen, Reuven / Forbes Media LLC (Hrsg.) (2014), 9. und 10. Abschnitt im Hauptframe (siehe Internetverzeichnis).
[133] Vgl. ebenda, 9. und 10. Abschnitt im Hauptframe (siehe Internetverzeichnis).
[134] Vgl. ebenda, 9. und 10. Abschnitt im Hauptframe (siehe Internetverzeichnis).

orientieren, um sicherzustellen, dass die Markeneigenschaften an den neuen Kundenbedürfnissen, dem veränderten Kundenverhalten und den Besonderheiten des Bankensektors angepasst sind.

Der Implementierungsprozess folgt den Schritten der strategischen Planung, der operativen Planung und dem Controlling.[135] Im neuen Konzept ist insbesondere die strategische Planung neu aufgestellt und erweitert, im Vergleich zu bisherigen Konzepten. Das neue Konzept beinhaltet Ideen vom "Managementprozess der identitätsbasierten Markenführung"[136] nach Christopher Burmann. Auch in diesem Konzept wird mit der Situationsanalyse begonnen. Neu hinzu kommen die Festlegung des Unternehmenszwecks, aus welchem im Weiteren der Markenzweck abgeleitet wird. Ebenfalls additiv kommen neu Vision und Mission der Marke hinzu. Erst im nachfolgenden Prozessschritt wird die Markenidentität festgelegt, wie auch Burmann dies vorschlägt.[137] Aus der Identität heraus folgt die konkrete Markenpositionierung. Auch die Festlegung der Markenarchitektur ist im Konzept von Burmann enthalten.[138] Im Folgenden kommen die Markenstrategie und die Markengestaltung als neuartige Prozessschritte hinzu. Ähnlich schlägt dies auch Nicholas Adjouri in seinem Konzept zur Entwicklung der Markenstrategie vor.[139]

Im Weiteren folgt die operative Planung, die im neuen Konzept die interne und externe Markenführung umfasst. Hierbei soll geplant und festgelegt werden, in welcher Form alle strategischen Prozessschritte umgesetzt werden sollen. Diese Idee verfolgt auch das Konzept von Burmann.[140]

Der darauf folgende Prozessschritt bildet das Controlling, zur Überprüfung der Zielerreichung und zur stetigen Untersuchung aller vorher festgelegten Instrumente. Hierbei finden mögliche Anpassungen und Feinjustierungen aller Instrumente statt.

---

[135] Vgl. Burmann, Christoph u.a. (2015), S. 84.
[136] Ebenda, S. 84.
[137] Vgl. ebenda, S. 84.
[138] Vgl. ebenda, S. 84.
[139] Vgl. Adjouri, Nicholas (2014), S. 86.
[140] Vgl. Burmann, Christoph u.a. (2015), S. 84; Sponheuer, Birgit (2010), S. 51.

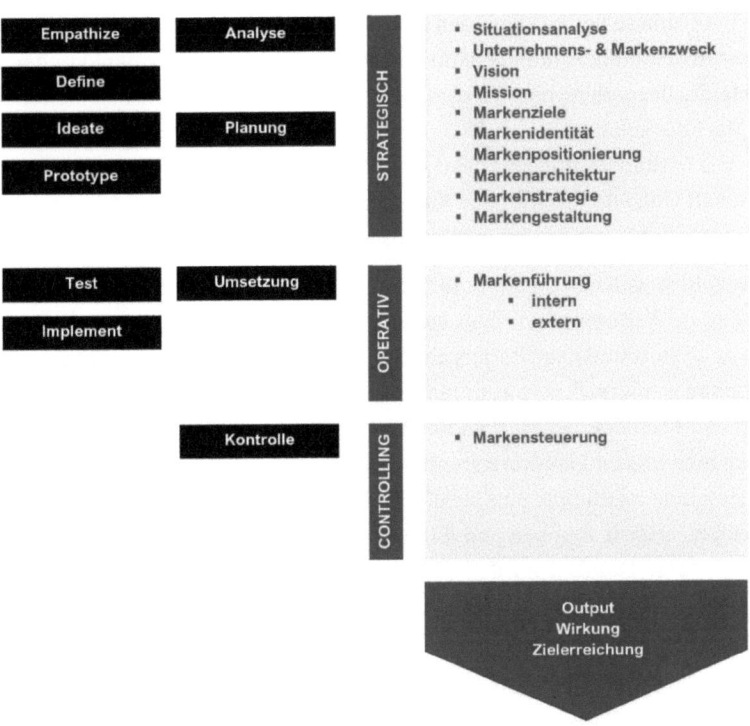

Abb. 7: Konzept zur Markenetablierung einer Neumarke (Erster Entwurf)
Quelle: Eigene Darstellung.

4.1.1 Analyse

Um eine erfolgreiche Mark zu etablieren, ist zuvor eine Situationsanalyse notwendig, um den Marktanforderungen gerecht zu werden. Das neue Konzept widmet sich zuerst einer Stakeholderanalyse. Anspruchsgruppen einer neuen Marke sind vielzählig, deshalb ist es von Bedeutung, die jeweilige Relevanz und Wichtigkeit der einzelnen Stakeholder festzulegen. Potenzielle zukünftige Kunden sollten beispielsweise mit einem besonders hohen Gewicht analysiert werden. Sie werden als strategische Anspruchsgruppe definiert, deren Bindungsgrad, Machtausübung und Sanktionsmöglichkeit bei Nichterfüllung besonders hoch ist.[141] Kunden sichern durch ihren Konsum den eigentlichen Zweck – den Verkauf von Bankprodukten und Bankdienstleistungen. Aus diesem Grund sollten die aktuellen Anforderungen

---

[141] Vgl. Esch, Franz-Rudolf u.a. (2006), S. 35 f.

und Bedürfnisse der Bankkunden analysiert werden. Hierbei kann die Abbildung 4 dieser Arbeit dienen, die die veränderten Anforderungen der Bankkunden zusammenfasst. Besonders neu aufkommende Bedürfnisse sollten beleuchtet werden, um Marktlücken und eine außerordentlich hohe Nachfrage zu erkennen. Insbesondere die Digitalisierung und die digitale Transformation, welche sich durch die Gesellschaft vollzieht, bringt neue Kundenanforderungen mit sich.[142] Aktuelle Analysen ermöglichen eine zeitgemäße Festlegung der Markenausrichtung.

Stakeholder, welche es auch besonders umfassend zu analysieren gilt, sind die bestehenden Wettbewerber. Zum einen könnten bisher erfolgreiche Markenstrategien analysiert und neue daraus abgeleitet werden, welche in zukünftigen Marktsituationen erfolgreich sein könnten. Zum anderen ist aber die deutliche Differenzierung von bestehenden Marken der Wettbewerber von essenzieller Bedeutung.[143] Durch eine Vielzahl konkurrierender Bankmarken, ist eine Abhebung und eine alleinstehende Positionierung für die Existenz relevant.[144] Um sich in den weiteren Konzeptschritten abheben und differenzieren zu können, sind Analyse und Kenntnisse zu Wettbewerbermarken nötig.

Bankmarken sind oftmals als Unternehmensmarke geführt, unter der alle Produkte und Dienstleistungen angeboten und vertrieben werden.[145] Somit wird mit Etablierung der Marke in der Regel auch ein völlig neues Kredit- oder Finanzdienstleistungsinstitut gegründet. Für dieses müssen qualifizierte Mitarbeiter gewonnen werden. Mitarbeiter stellen also eine weitere, äußerst relevante Anspruchsgruppe dar, deren Bedürfnisse und Anforderungen insbesondere für die Employer Brand von hoher Wichtigkeit sind. Nichtsdestotrotz wird auch die übergeordnete gesamte Unternehmensmarke nach den Ansprüchen des Arbeitsmarktes gestaltet, um potenzielle Arbeitskräfte für das Unternehmen gewinnen zu können.

Eine Gruppe von Stakeholdern, welche es ebenfalls zu analysieren gilt, sind die Eigen- und Fremdkapitalgeber.[146] Die Präferenzen und Anforderungen dieser

---

[142] Vgl. Müller, Hans-Erich (2017), S. 286.
[143] Vgl. MTC Markentechnik Consulting GmbH & Co. KG (Hrsg.) (2018), 2. Abschnitt im Hauptframe (siehe Internetverzeichnis).
[144] Vgl. ebenda, 2. Abschnitt im Hauptframe (siehe Internetverzeichnis).
[145] Vgl. Sattler, Henrik / Völckner, Franziska (2013), S. 125 f.
[146] Vgl. Esch, Franz-Rudolf u.a. (2006), S. 33.

Anspruchsgruppe, die bereits im Bankensektor tätig ist, sollte analysiert werden, um eine mögliche Finanzierung des Unternehmens und der Marke zu sichern. Eine neu entstehende Marke benötigt Kommunikation zur Erreichung einer Markenbekanntheit und zur Realisierung des Produkt- und Leistungsabsatzes. Deshalb könnte es sinnvoll sein, Medien, Absatzmittler und mögliche Kooperationspartner, die in der Bankenbranche aktiv sind, zu analysieren.[147]

Eine Besonderheit im Bankensektor ist die Erforderlichkeit der Analyse des Marktumfelds. Hierbei spielt eine weitere Gruppe von Stakeholdern eine wichtige Rolle. Aufsichtsorgane und die Politik der Zentralbanken sind zu analysieren. Beispielsweise sollte das Zinsumfeld genauer betrachtet und die regulatorischen Anforderungen eines Instituts beleuchtet werden.[148] Aber nicht nur regulatorische und aufsichtsrechtliche Marktanforderungen sollten untersucht werden, sondern darüber hinaus auch die Nachfragesituation auf dem Bankenmarkt.

4.1.2 Unternehmenszweck und Markenzweck

Nach Analyse des Marktumfeldes und der Stakeholder kann nun der eigentliche Unternehmenszweck formuliert werden. Bei einer im Bankensektor üblichen Unternehmensmarke kann der Unternehmenszweck dem Markenzweck sehr ähnlich sein. Hiermit ist der Gegenstand der Unternehmenstätigkeit gemeint.[149] Unter der Marke soll diese unternehmerische Tätigkeit dauerhaft ausgeübt werden. Ein Unternehmenszweck erscheint nur dann sinnvoll, wenn Konkurrenzunternehmen einen alternativen Unternehmenszweck verfolgen oder zumindest ein ähnlicher Zweck, aber auf unterschiedliche Art und Weise, auf anderen Zielmärkten oder mit anderen Kundengruppen verfolgt wird. Bereits der Unternehmenszweck sollte individuell, einzigartig und trotzdem für das gesamte zeitliche Bestehen des Unternehmens unverändert gelten.

Im Dienstleistungsgewerbe und insbesondere im Bankensektor scheint es schwierig, einen individuellen Unternehmenszweck zu formulieren. Grund hierfür sind ähnliche und leicht austauschbare Leistungen. Dennoch muss eine Abhebung vom Wettbewerb stattfinden, um eine Existenzbegründung zu liefern und ferner eine

---

[147] Vgl. ebenda, S. 33.
[148] Vgl. Holländer, Dirk / zeb.rolfes.schierenbeck.associates GmbH (Hrsg.) (2016), 8. und 9. Abschnitt im Hauptframe (siehe Internetverzeichnis).
[149] Vgl. von Känel, Siegfried (2018), S. 16.

Wachstumsmöglichkeit als neues Institut zu sichern. Ein großer, neuer, innovativer geschäftlicher Gedanke wird benötigt, um einen neuen Unternehmenszweck zu entwickeln.[150] Eine neue Geschäftsidee kann auch durch kreative Prozesse entstehen. Das Design Thinking würde hierbei mit dem Prozessschritt Empathize beginnen.[151] Hierbei geht es darum, die Anforderungen und Bedürfnisse der Kunden und Interessenten zu verstehen und in den nachfolgenden Schritten daraus neue Ideen zu entwickeln. Im Brand Planning wird davon ausgegangen, dass nur Marken mit einem neuen, einem anderem oder einem tiefergehenden Ansatz zum Unternehmenszweck wirkungsvoll sein können.[152] Grundstein für einen großen Gedanken kann der sogenannte Consumer Insight, das heißt der Einblick in die Kundeninformationen, in Konsumverhalten und Kundenbedürfnisse, legen.[153]

Des Weiteren kann sich der neu zu positionierende Markenzweck in Extremen bewegen, um eine klare Innovation und einen neuen, differenzierten Unternehmenszweck hervorzubringen.[154] Ganz neue Geschäftsideen sind nicht unbedingt an den durchschnittlich zu erwartenden Konsumenten angelehnt, sondern eher an der Innovation interessierte, sogenannte Extrem-Nutzer, die Hinweise auf Trends liefern können.[155]

Grundsätzlich lässt sich feststellen, dass starke Marken auf einer guten Idee basieren und sich die Durchsetzungskraft dieser Marke erhöht, je innovativer die Geschäftsidee und der neuartige Geschäftszweck ist.[156]

4.1.3 Markenvision und Markenmission

Nachdem ein allgemeiner Markenzweck als Kern festgelegt ist, kann im weiteren Verlauf die Markenvision und die Markenmission formuliert werde. Die Vision ist hierbei der Mission übergeordnet und stellt sich der Fragen, warum eine Marke bestimmte Tätigkeiten ausübt und wo sich die Marke zukünftig positionieren soll. Die Markenvision kann auch das Streben nach einem übergeordneten Zweck der

---

[150] Vgl. Baetzgen, Andreas (Hrsg.) (2011), S. 16 f.
[151] Vgl. Cohen, Reuven / Forbes Media LLC (Hrsg.) (2014), 9. und 10. Abschnitt im Hauptframe (siehe Internetverzeichnis).
[152] Vgl. Baetzgen, Andreas (Hrsg.) (2011), S. 17.
[153] Vgl. ebenda, S. 17.
[154] Vgl. ebenda, S. 182 f.
[155] Vgl. ebenda, S. 183.
[156] Vgl. Esch, Franz-Rudolf / Armbrecht, Wolfgang (Hrsg.) (2009), S. 63.

Marke beschreiben.[157] Eine kraftvolle Markenvision weckt das Bedürfnis eines Unternehmens beziehungsweise einer Marke, einen Beitrag zu leisten, etwas zu bewegen oder etwas Positives zu hinterlassen.[158] In diesem Prozessschritt wird eine langfristige Entwicklungsrichtung vorgegeben, die etwa fünf bis zehn Jahren verfolgt wird.[159] Grundsätzlich motiviert die Markenvision nicht nur die internen Zielgruppen einer Marke, sondern auch die externen Zielgruppen und koordiniert und motiviert beispielsweise Kunden zu deren Kaufverhalten, zum Austausch oder zu nachhaltigem Verhalten. Während die Vision eher einen Zielzustand beschreibt, formuliert die Markenmission eher die spezifische Tätigkeit der Marke, wie die angestrebten Ziele erreicht werden sollen.[160] Grundlegend beschreibt die Markenmission die bloße Daseinsberechtigung einer Marke. Es ist von höchster Wichtigkeit, Markenvision und Markenmission klar und verständlich zu formulieren und sich hierdurch von anderen Wettbewerbern abzugrenzen. Im Idealfall schafft es die Bankmarke alle internen und externen Zielgruppen zu motivieren, diese zwei Zielmodelle zu verfolgen.

4.1.4 Markenziele

Über die bereits aufgezeigten globalen und allgemeinen Zieldefinitionen einer Marke hinaus, werden im Weiteren ganz konkrete Ziele für eine Marke formuliert. Diese setzen der Marke ganz individuelle Ziele, die sich von den spezifischen Markenzielen der Konkurrenz abgrenzen. Alle globalen, allgemeinen Ziele bleiben allerdings hiervon unberührt und werden stets zu jeder Zeit verfolgt. Da die ökonomischen, verhaltensbezogenen und psychografischen Ziele von Marke zu Marke sehr ähnlich formuliert sein können, bilden diese keinen besonderen Schritt des Prozesses der Markenetablierung, sondern vielmehr eine ständige Aufgabe des Markencontrollings. Trotzdem sollten diese vor dem Etablierungsprozess Berücksichtigung finden.

Spezielle Markenziele zur Abgrenzung von anderen Banken können beispielsweise über eine Unique Selling Proposition formuliert werden. Diese USP beschreibt ein Alleinstellungsmerkmal eines Produktes oder einer Dienstleistung unter einer

---

[157] Vgl. Baetzgen, Andreas (Hrsg.) (2011), S. 114.
[158] Vgl. VORN Strategy Consulting GmbH (Hrsg.) (2018), 6. Abschnitt im Hauptframe (siehe Internetverzeichnis).
[159] Vgl. Burmann, Christoph u.a. (2015), S. 47.
[160] Vgl. Baetzgen, Andreas (Hrsg.) (2011), S. 114.

Marke.[161] Das Markenziel sollte innovativ und einzigartig sein, um die Existenz der neuen Bankmarke zu rechtfertigen. Das Markenziel kann ähnlich der Markenvision sein, sollte allerdings deutlich konkreter formuliert werden. Ein Markenziel eines Kredit- oder Finanzdienstleistungsinstituts könnte beispielsweise die Markenführerschaft in einem Produkt- oder Kundensegment sein. In jedem Falle ist es sinnvoll, dass das Ziel einzigartig und bisher unerreicht ist. Die Marke N26 verfolgte beispielsweise das Ziel, alle Dienstleistungen und Produkte unter einer Marke komplett über mobile Endgeräte anzubieten.[162] Ein weiteres Ziel könnte es sein, eine Bankmarke zu etablieren, welche beispielsweise zum Ziel hat, automatische Anlageempfehlungen aus der Analyse des Kundenverhaltens zu geben. Ein weiteres Beispiel könnte eine Marke eines Instituts sein, welche den schnellsten Kreditprozess gewährleistet.

Grundlegend sind ein oder mehrere ganz konkrete, innovative Markenziele zu entwickeln, um eine Abgrenzung zu ähnlichen Bankmarken zu schaffen. Es sollte mindestens ein Spezialziel formuliert werden, welches über die globalen ökonomischen, verhaltensbezogenen oder psychografischen Zieldefinitionen, wie zum Beispiel Markenbekanntheit, hinausgeht. Zur Formulierung eines solchen Markenziels sollten die aktuellen Kundenbedürfnisse und das Verhalten der Zielgruppen in Betracht gezogen werden.

4.1.5 Markenidentität und Markenpositionierung

Sobald der Markenzweck, die Vision, die Mission und die konkretisierten Markenziele festgelegt sind, ist eine Markenidentität und eine Positionierung der Marke zu entwickeln.

Die Markenidentität ist hierbei das Selbstbild des Unternehmens und der internen Zielgruppen, wie beispielsweise die Mitarbeiter.[163] Die Bank sollte im folgenden Schritt eine individuelle Identität und einen Markencharakter definieren. Bei diesem Konzept zur späteren Markenführung werden vornehmlich zwei Komponenten festgelegt. Zum einen ist dies das Markennutzenversprechen und die Fest-

---

[161] Vgl. Vertical Media GmbH (Hrsg.) (2018f), 1. und 2. Abschnitt im Hauptframe (siehe Internetverzeichnis).
[162] Vgl. N26 GmbH (Hrsg.) (2018), 6. Abschnitt im Hauptframe (siehe Internetverzeichnis).
[163] Vgl. Sponheuer, Birgit (2010), S. 147.

legung der Kommunikation dieses Versprechens.[164] Vor dem Hintergrund zunehmend austauschbarer Produkte und Dienstleistungen in der Bankenbranche, ist ein Erfolg entweder über eine Preisführerschaft oder über eine starke Marke mit einem klaren, für den Kunden relevanten Markenversprechen sicherzustellen.[165] Markenversprechen müssen demnach klar und anspruchsvoll sein und die tatsächlichen Bedürfnisse der Kunden ansprechen.[166] Ganz konkrete, neuartige Kompetenzen sollte die Bankmarke zur Abgrenzung vom Wettbewerb herausbilden und kommunizieren.

Die Festlegung der internen Markenidentität umfasst neben dem Markennutzenversprechen des Weiteren das Markenverhalten gegenüber allen externen Zielgruppen. Verhalten wird durch Persönlichkeit und Werte bestimmt. Deshalb ist es für die neu zu etablierende Bankmarken wichtig, sich den Markenwerten, also den Werten, woran eine Marke glaubt, wofür sie existiert und sich einsetzt, konkret bewusst zu sein.[167] Kundenorientierung, Leistung, Integrität, Teamgeist und Mut sind beispielsweise die Markenwerte der Commerzbank AG.[168] Auch hier ist erneut darauf zu achten, möglichst individuelle aber authentische Werte für eine neue Marke zu finden. Neben den Markenwerten beeinflusst die Markenpersönlichkeit das wahrgenommene Markenverhalten. Die Markenpersönlichkeit beschreibt die Art und Weise des Umgangs und der Kommunikation mit allen Stakeholdern.[169]

Von höchster Wichtigkeit ist es, die Markenidentität zu jeder Zeit und an jedem Brand Touchpoint gleichermaßen zu wahren und zu kommunizieren. Die Corporate Identity beschreibt ein einheitliches Auftreten, Verhalten und Erscheinungsbild eines Unternehmens unter einer Marke.[170]

Im Gegensatz zur selbst geschaffenen und konzipierten Markeidentität steht das Fremdbild durch alle Stakeholder der Marke. Durch die Wahrnehmung aller Zielgruppen über die Brand Touchpoints erhält die Marke ein externes Image. Dieses Markenimage wird vornehmlich durch die Markenerwartung und das Marken-

---

[164] Vgl. Burmann, Christoph u.a. (2015), S. 115.
[165] Vgl. Esch, Franz-Rudolf / Armbrecht, Wolfgang (Hrsg.) (2009), S. 105.
[166] Vgl. ebenda, S. 105.
[167] Vgl. Burmann, Christoph u.a. (2015), S. 115.
[168] Vgl. Commerzbank AG (Hrsg.) (2018), 1., 3.-7. Abschnitt im Hauptframe (siehe Internetverzeichnis).
[169] Vgl. Burmann, Christoph u.a. (2015), S. 115.
[170] Vgl. Rother, Kathleen (2017), 6. und 7. Abschnitt im Hauptframe (siehe Internetverzeichnis).

erlebnis der Zielgruppen bestimmt.[171] Die Markenerwartung hängt stark vom Markenwissen und der Wahrnehmung der Markenattribute der betreffenden Zielgruppe ab.[172] Des Weiteren beeinflusst das individuelle Markenerlebnis, die sogenannte Brand Experience, das Image der Marke.[173] Mit Markenerlebnis ist der subjektiv erlebte Beitrag zur Steigerung der Lebensqualität des Kunden gemeint.[174] Brand Experience kann affektiv, verhaltensorientiert, multisensorisch und intellektuell durch die Konsumenten erlebt werden.[175] Von hoher Wichtigkeit ist die ganzheitliche positive Gestaltung aller wahrnehmbaren Kontaktpunkte der Kunden zur Bankmarke. Bei überragender Gestaltung des Markenerlebnisses sind die Grundlagen für Brand Attachment gelegt. Das Brand Attachment bezeichnet hierbei die nachhaltige Bereitschaft, sich an eine Marke zu binden.[176]

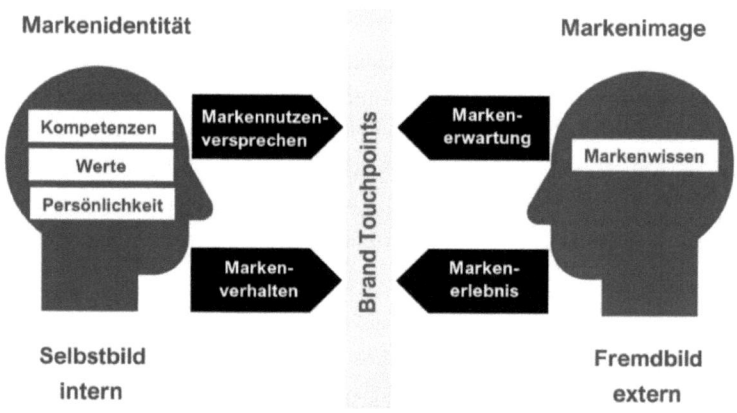

Abb. 8: Markenidentität versus Markenimage
Quelle: Eigene Darstellung, in Anlehnung an Meffert, Heribert / Burmann, Christoph (1996), S. 35.

Eng verbunden mit der Markenidentität ist die Positionierung der Marke. Hauptaufgabe der Positionierung ist die Abgrenzung vom Wettbewerb und die Darlegung

---

[171] Vgl. Baumgarth, Carsten (2014), S. 64.
[172] Vgl. Baumgarth, Carsten (2014), S. 89; Burmann, Christoph u.a. (2015), S. 263.
[173] Vgl. Sponheuer, Birgit (2010), S. 147.
[174] Vgl. Baumgarth, Carsten (2014), S. 137 f.
[175] Vgl. ebenda, S. 137.
[176] Vgl. Diehl, Saskia (2009), S. 51.

von Gründen, weshalb bestimmte Zielgruppen den Konsum der entsprechenden Marke präferieren sollten.[177] Durch die Points of Parity und Points of Difference werden klar abgrenzende Merkmale zur Positionierung beschrieben.[178] Alleinstellungsmerkmale und Unique Selling Propositions werden hier erneut formuliert und langfristig festgelegt. Der Prozessschritt der Markenpositionierung bildet die Grundlage für die spätere Formulierung der Markenstrategien. Bereits bei diesem Prozessschritt werden Vorüberlegungen zu präferierten Zielgruppen und Zielmarktsegmenten getroffen, welche für die konkrete Strategiebildung benötigt werden.

Die Positionierung hat zum Ziel, eine Zielgruppe, die zukünftig angesprochen werden soll, zu bestimmen und Möglichkeiten zu schaffen, tatsächlich in den Wahrnehmungskosmos der Zielkonsumenten zu gelangen.[179] Entweder ganze Gesamtmärkte oder einzelne Segmente werden in den Fokus gesetzt. Die Positionierung hält nun die zielgerichteten Gestaltungsmöglichkeiten der Markenstellung auf dem Zielmarkt fest.[180]

Ein Modell zur Markenpositionierung von Christian Homburg und Markus Richter kann helfen, um wesentliche Bestandteile der angestrebten Stellung auf dem Zielmarkt mit favorisierter Zielgruppe herauszustellen. In diesem Modell wird zu Beginn der Markenkern festgelegt, der die Frage beantwortet, wer die Marke sein soll.[181] Hier kann beispielsweise eine Unique Selling Proposition angebracht werden. Eine Bankmarke könnte hier zum Beispiel die Positionierung beschreiben, die Bank für die schnellste Ratenkreditgenehmigung sein zu wollen. Im zweiten Schritt des Modells wird der Markennutzen und die besonderen Eigenschaften, die durch die Marke angeboten werden sollen, formuliert.[182] Hier kann beispielsweise die Schnelligkeit, die hohe Genehmigungswahrscheinlichkeit und Ähnliches angebracht werden. Die letzte Komponente des Modells nach Homburg und Richter bildet die Markenpersönlichkeit, die einen Bestandteil der Markenidentität bildet.[183]

---

[177] Vgl. ESCH. The Brand Consultants GmbH (Hrsg.) (2018a), 1. Abschnitt im Hauptframe (siehe Internetverzeichnis).
[178] Vgl. ebenda, 1. Abschnitt im Hauptframe (siehe Internetverzeichnis).
[179] Vgl. Baumgarth, Carsten (2014), S. 212.
[180] Vgl. Sattler, Henrik / Völckner, Franziska (2013), S. 52.
[181] Vgl. Homburg, Christian / Richter, Markus (2003), S. 15.
[182] Vgl. ebenda, S. 15.
[183] Vgl. ebenda, S. 15.

Hierbei werden die besonderen charakterlichen Eigenschaften im Umgang mit den Stakeholdern an allen Brand Touchpoints herausgestellt. Durch dieses Modell können Vergleiche zu bereits bestehenden Wettbewerbermarken angestellt werden, um eine alternative Stellung auf dem Markt zu sichern. Auch Alleinstellungsmerkmale lassen sich deutlich einfacher an diesem Modell herausfiltern beziehungsweise neu herausbilden. Ein Modell, welches eine ähnliche Funktionsweise aufweist, ist das Modell "The Golden Circle"[184] nach Simon Sinek. Hierbei besteht das Modell ebenfalls aus drei Ebenen, welches sich die Fragen Why, How und What stellt.[185] Damit ist der Existenzgrund beziehungsweise der Glaube, das Verhalten bei der Lieferung des Output und die Produkteigenschaften und Markenmerkmale gemeint.[186] Die beiden ähnlichen Modelle können eine enorme Vorarbeit für die spätere Markenstrategiebildung leisten.

Abb. 9: Markenpositionierung nach Christian Homburg und Markus Richter versus "The Golden Circle" nach Simon Sinek
Quelle: Eigene Darstellung, in Anlehnung an Homburg, Christian / Richter, Markus (2003), S. 15.; Sinek, Simon (2009), S. 37-40.

Soll- und Ist-Positionierung sollte im Markencontrolling nach der Etablierung regelmäßig überprüft werden und gegebenenfalls Änderungen veranlassen.[187]

4.1.6 Markenarchitektur

Im nächsten Prozessschritt ist die Markenarchitektur, also die Anordnung der Marken mit allen Beziehungen zueinander innerhalb eines Unternehmens, zu klären.[188] Prinzipiell kann in vier Grundformen der Markenarchitektur unterschieden

---

[184] Sinek, Simon (2009), S. 37.
[185] Vgl. ebenda, S. 37-40.
[186] Vgl. Baetzgen, Andreas (Hrsg.) (2011), S. 334.
[187] Vgl. Burmann, Christoph u.a. (2015), S. 114.
[188] Vgl. Sattler, Henrik / Völckner, Franziska (2013), S. 124.

werden. Das sogenannte House of Brands vereint das Führen von mehreren Einzelmarken, bei dem das Markendach nicht bekannt oder zumindest nicht offen kommuniziert wird.[189] Sobald die Einzelmarken eines Unternehmens von der Stammmarke unterstützt werden, wird von Endorsed Brands gesprochen.[190] Entscheidet sich ein Unternehmen dafür, die Unternehmensmarke und die Submarken zu modifizieren und miteinander klar in Kontext zu bringen, dann wurde die Markenarchitektur der Subbrands gewählt.[191] Bei der Strategie des Branded House dominiert nur die eine Unternehmensmarke. Hierbei besteht zum einen die Möglichkeit, dass die Markennamen der Produkte und Dienstleistungen leicht variieren können, abweichend zur Unternehmensmarke.[192] Zum anderen besteht die Möglichkeit, alle angeboten Leistungen und Produkte unter derselben Identität der Unternehmensmarke anzubieten.[193]

Im Bankenumfeld ist es üblich, alle Produkte und Dienstleistungen unter der Unternehmensmarke nach der Branded House-Strategie anzubieten und zu vertreiben.[194] Diese Strategie wird auch als Corporate Branding bezeichnet, bei der die Bezeichnung der Dachmarke dem Firmennamen entspricht.[195] Da die Leistungen und Produkte der Finanzdienstleistungsinstitute durch ihre Immaterialität für Kunden eher schwer verständlich sind, ist es in aller Regel sinnvoll, alle Leistungen unter der Unternehmensmarke anzubieten.[196] Das Aufteilen der einzelnen Produkte und Leistungen in verschiedene Einzelmarken oder Subbrands birgt die Gefahr der Komplexität und Intransparenz für den Kunden. Mitunter kann es in Einzelfällen eventuell sinnvoll sein, verschiedene Marken nach Produkt- oder Kundensegmenten zu entwickeln. In aller Regel aber reduzieren Kredit- und Finanzdienstleistungsinstitute auf die Corporate Brand beziehungsweise die Branded House-

---

[189] Vgl. ebenda, S. 125.
[190] Vgl. Burmann, Christoph u.a. (2015), S. 131.
[191] Vgl. Sattler, Henrik / Völckner, Franziska (2013), S. 125.
[192] Vgl. ebenda, S. 125.
[193] Vgl. Burmann, Christoph u.a. (2015), S. 130.
[194] Vgl. Esch, Franz-Rudolf u.a. (2006), S. 25.
[195] Vgl. Kilian, Karsten / Meedia GmbH & Co. KG (Hrsg.) (2018), 1. Abschnitt im Hauptframe (siehe Internetverzeichnis).
[196] Vgl. Brand Trust GmbH (Hrsg.) (2018a), 1. und 3. Abschnitt im Hauptframe (siehe Internetverzeichnis).

Strategie.[197] Je größer das Spektrum der angebotenen Leistungen wird, desto schwieriger gestaltet sich aber das Corporate Brand Management.[198]

Eine Corporate Brand erfordert die Gestaltung einer Corporate Identity, also eine einheitlich kommunizierte Identität eines Unternehmens beziehungsweise einer Marke.[199] Das Ziel ist es, durch einheitliche Kommunikation, einheitliches Design und einheitliche Unternehmenskultur ein ganzheitliches, positives Corporate Image zu schaffen, welches von allen Zielgruppen wahrgenommen wird.[200]

4.1.7 Markenstrategie und Markengestaltung

Eng mit der Markenarchitektur verknüpft ist die Strategieentwicklung der Bankmarke. Die gewählte Architektur gibt erste Richtungen für die Strategie vor. Als Fundament für die Markenstrategien werden die konkretisierten Markenziele und die Eigenschaften aus der Markenpositionierung herangezogen.

Da im Bankenumfeld vorwiegend eine Corporate Brand geführt wird, ist keine Verflechtung mehrerer Marken eines Unternehmens notwendig und vereinfacht somit die Gestaltung einer Strategie.[201] Im weiteren Prozess kann die Formulierung einer konkreten Strategie, anhand der vier P des Marketing nach Edmund Jerome McCarthy, vorgenommen werden.[202] Eines dieser P beschreibt die Produktpolitik. Eine Bankmarke hat die Möglichkeit eine Markenstrategie zu entwickeln, die sich auf bestimmte Produkte fokussiert oder beschränkt und beispielsweise nur eine Nische wählt. Eine andere Strategie könnte es sein, eine Bankmarke zu entwickeln, die für eine Vielzahl von Finanzthemen Lösungen anbietet. Auch eine Pionierstellung kann eine spezielle Markenstrategie sein. Über Preise kann ebenso eine Strategie formuliert werden. Beispielsweise könnten Kredit- und Finanzdienstleistungsinstitute hier eine Kostenführerschaft anstreben oder im Gegensatz dazu eine hochpreisige Qualitätsführerschaft.[203] Auch die Wahl der Vertriebswege ist eine Entscheidung der Markenstrategie. Banken können sich hier entweder für mehrere Vertriebswege und beispielsweise persönliche Beratung oder für einen einzigen

---

[197] Vgl. Esch, Franz-Rudolf u.a. (2006), S. 25.
[198] Vgl. ebenda, S. 12 f.
[199] Vgl. Rother, Kathleen (2017), 6. und 7. Abschnitt im Hauptframe (siehe Internetverzeichnis).
[200] Vgl. Gutschi, Mario (2010), S. 4.
[201] Vgl. Esch, Franz-Rudolf u.a. (2006), S. 25.
[202] Vgl. McCarthy, Edmund Jerome (1960), S. 45.
[203] Vgl. Lenz, Andreas / Dietrich Identity GmbH (Hrsg.) (2018), 3. und 4. Abschnitt im Hauptframe (siehe Internetverzeichnis).

Vertriebsweg entscheiden. Des Weiteren ist die Wahl der Kommunikationspolitik Teil der Markenstrategie. Hierbei ist die Wahl der Kommunikationsmittel und deren Gestaltung bedeutsam.

Nach der Entwicklung einer oder mehrerer Markenstrategien wird die Gestaltung der Marke anhand zuvor festgelegter Parameter vorgenommen. Die Gestaltung einer Corporate Identity bildet einen Hauptteil der Markengestaltung. Hierbei ist die Wahrung einer einheitlichen Gestaltung und eines einheitlichen Markenauftritts im gesamten Kontext des Unternehmens von großer Bedeutung. Begonnen wird oft mit der Idee zum Brand Name. Weiterhin setzt sich die Corporate Identity zusammen aus den Bereichen Corporate Behaviour, Corporate Communication und Corporate Design. Corporate Design umfasst die Logogestaltung, die Bestimmung von Farbcodes und der Typografie.[204] Eine einheitliche Kommunikation sowohl an die internen als auch externen Zielgruppen soll die Corporate Communication sicherstellen.[205] Corporate Behaviour gestaltet ein einheitliches Verhalten der gesamten Corporate Brand beziehungsweise eine Unternehmenskultur und berücksichtigt hierbei beispielsweise ethische Normen und Werte der Marke.[206]

Neben dem Design und einem einheitlichen Verhaltens- und Kommunikationsmuster verlangen Konsumenten deutlich mehr von einer erfolgreichen Marke. Die Marke darf nicht nur als leere Hülle fungieren, sondern sollte einen gewissen Brand Content liefern. Dieser Content können vielfältige Geschichten, Themen und Inhalte einer Marke sein.[207] Der Mehrwert in der Nutzung der Marke als solches Markenmedium liegt für die Konsumenten in der Unterhaltungs-, Informations- und Interaktionsfunktion.[208] Brand Content bietet die Möglichkeit zur Demonstration der Alleinstellungsmerkmale, vermittelt die Markenidentität und schafft Emotionalisierung. Eine weitere Möglichkeit der Markengestaltung zur Emotionalisierung ist das Storytelling einer Marke. Durch das Storytelling finden Konsumenten deutlich leichter einen emotionalen Zugang zu einer Marke und verstehen deutlich schneller die Werte und Positionierung einer Marke.[209] Geschichten schaffen

---

[204] Vgl. Esch, Franz-Rudolf u.a. (2006), S. 120-122.
[205] Vgl. Kaleta, Thomas (2018a), 1. und 2. Abschnitt im Hauptframe (siehe Internetverzeichnis).
[206] Vgl. Kaleta, Thomas (2018b), 1. und 2. Abschnitt im Hauptframe (siehe Internetverzeichnis).
[207] Vgl. Baetzgen, Andreas / Tropp, Jörg (Hrsg.) (2013), S. V.
[208] Vgl. ebenda, S. 7, 13-15.
[209] Vgl. Fog, Klaus u.a. (2010), S. 21 f., 50

zudem einen Wiedererkennungswert. Besonders Banken sollten um schwer verständliche und mit wenig Emotionen behaftete Produkte eine Geschichte erzählen. Entertainment hat sich für viele Konsumenten mittlerweile zu einer Erwartungshaltung im Kontakt mit einer Marke entwickelt.[210] Gamification ist eine weitere Gestaltungsmöglichkeit der Marke, um Konsumenten zu begeistern, anzuziehen und Aufmerksamkeit zu erlangen.[211] Ein Spaßfaktor soll transportiert werden, durch das Stellen von Herausforderungen und das Belohnen von Zielerreichung. Ein äußerst simples Instrument, welches eine Bank nutzen könnte, ist das Belohnen von gesetzten Sparzielen auf eine spielerische Art und Weise.

Markengestaltung bietet ein breites Feld an Ausgestaltungsmöglichkeiten der Marke. Grundsätzlich sollte eine Kontinuität und Individualität unter Wahrung der Corporate Brand gewährleistet werden. Alle Brand Touchpoints und der gesamte Buying Cycle sind stets nach den gesetzten Markenattributen zu gestalten.

4.2 Operative Prozessschritte zur Etablierung einer Marke und Markencontrolling

Ist die strategische Planung der Markenetablierung abgeschlossen, folgt die eigentliche Umsetzung aller festgelegten Prozessschritte. Nach dem Modell des Design Thinking könnte nun ein Testing der strategischen Planung stattfinden, bevor die operative Umsetzung erfolgt.

4.2.1 Markenführung

Die operative Umsetzung der strategischen Planung umfasst die interne und externe Markenführung. Von großer Wichtigkeit ist die Berücksichtigung der internen Zielgruppe, wie den Mitarbeitern, die als Markenbotschafter im Führungsprozess fungieren. Mit der Markenführung ist im Allgemeinen die Umsetzung der Gestaltung und Konzeptionierung der gesamten Bankmarke gemeint, die sich an allen Brand Touchpoints über den gesamten Brand Funnel vollzieht. Dieser Brand Funnel besteht aus den Etappen der Aufmerksamkeitserregung und Bekanntheit, darauf folgt das Vertrauen zur Marke, später die Erwägung des Kaufes, schließlich der Kauf und im optimalen Fall die Kundenloyalität.[212] Die Markenführung hat zum

---

[210] Vgl. Baetzgen, Andreas / Tropp, Jörg (Hrsg.) (2013), S. 271-273.
[211] Vgl. ebenda, S. 42 f.
[212] Vgl. Burmann, Christoph u.a. (2015), S. 257.

Ziel, eine optimale sogenannte Markenwirkung durch alle Stakeholder zu erhalten.[213] Anhand des S-O-R-Modells zur Markenwirkung lassen sich die Tätigkeitsfelder der Markenführung darstellen.[214] Bei diesem Modell ruft die Marke über die Markenumwelt eine Stimulation hervor, welche über die Wahrnehmung des Organismus aufgenommen wird und letztendlich eine Reaktion, wie Kauf oder Weiterempfehlung auslöst.[215]

Aufgrund der Besonderheiten der Bankmarken sind die Anforderungen an die Markenführung äußerst hoch und der gesamte Prozess erfordert ein Maß an Exzellenz und größter Sorgfalt. Durch die Funktion als Dienstleistungsmarke spielt der zwischenmenschliche Kontakt an allen Brand Touchpoints eine große Rolle. Immaterialität erschwert zudem die Emotionalisierung, die Präsentation der Produkteigenschaften und die Demonstration der Qualität.[216] Des Weiteren sind die Tätigkeiten der Bankmarke mit einem hohen Sicherheitsbedürfnis des Kunden verbunden.[217] Umso wichtiger ist die vertrauensvolle und allumfassend positive Gestaltung der Markenführung. Kundenzufriedenheit, Kundenloyalität, Vertrauen, Weiterempfehlungen und allgemeine Reputation der Bankmarke spielen für den zukünftigen Markenerfolg daher eine primäre Rolle. Außerdem ist der Markt der Kredit- und Finanzdienstleistungsinstitute und die Markenauswahl bereits mit wenig differenzierbaren Produkt- und Leistungsangeboten gesättigt. Die externe Markenführung sollte also dafür Sorge tragen, dass die Innovativität und Einzigartigkeit der Bankmarke an die Zielgruppen weitergetragen und über alle Kanäle kommuniziert werden.

Erfolgreiche externe Markenführung hat zum Ziel, Kunden langfristig an die Marke zu binden und einen langen Customer Life Cycle zu gestalten.[218] Hierfür ist umfassendes Customer Relationship Management, kurz CRM, notwendig. Weiterführend könnte Markenführung auch Brand Attachment und Commitment der Konsumenten der Bankmarke sichern. Bei hoher emotionaler Zugehörigkeit wird auch der

---

[213] Vgl. Sponheuer, Birgit (2010), S. 47 f.
[214] Vgl. Sponheuer, Birgit (2010), S. 47.
[215] Vgl. Baumgarth, Carsten (2014), S. 87; Sponheuer, Birgit (2010), S. 47.
[216] Vgl. Brand Trust GmbH (Hrsg.) (2018b), 3. Abschnitt im Hauptframe (siehe Internetverzeichnis).
[217] Vgl. Brand Trust GmbH (Hrsg.) (2018a), 5. Abschnitt im Hauptframe (siehe Internetverzeichnis).
[218] Vgl. ebenda, 3. und 4. Abschnitt im Hauptframe (siehe Internetverzeichnis).

Grundstein gelegt, dass sich eine Brand Community herausbildet, bei welcher sich Konsumenten untereinander austauschen und vernetzen.[219] Innovative Bankmarken mit neuen zu diskutierenden und zu entwickelnden Ideen haben es hierbei deutlich einfacher, eine solche Community zusammenzubringen.

Für die externe Markenführung mit den Kunden ist die optimale und möglichst langanhaltende Gestaltung des Customer Life Cycle Inhalt der Handlungen. Interne Zielgruppen erwarten von der Markenführung Maßnahmen des Employer Branding und eine Markengestaltung im Sinne der Arbeitnehmer. Im besten Falle führt die interne Markenführung dazu, dass sich Mitarbeiter mit und über die Marke identifizieren können, ebenfalls ein Brand Attachment aufweisen und als Botschafter der Marke die Markenwerte an die übrigen Stakeholder weitertragen.[220]

4.2.2 Markensteuerung

Das Markencontrolling umfasst die Steuerung der Marke mit all ihren Attributen. Hierbei finden Wirkungskontrollen, Evaluationen und daraus abgeleitete Anpassungen statt.[221] Das Controlling überprüft die Erreichung der gesetzten Markenziele und maßgebend die Effektivität und Effizienz der Markenführung.[222] Hierbei werden sowohl die grundlegenden Ziele wie ökonomische, verhaltensbezogene und psychografische Ziele betrachtet, als auch die spezialisierten Markenziele, die sich auf strategische Abgrenzung der Marke beziehen.[223] Ebenso wird die angestrebte Markenstrategie überprüft und auf Rentabilität getestet. Die Markensteuerung trägt Sorge, dass nötige Justierungen vorgenommen werden.[224] Auch die nötigen Analysen zum Marktumfeld, zur Wettbewerbssituation und zum Kundenverhalten und den Kundenanforderungen, sind Inhalt der Markensteuerung nach Etablierung der Bankmarke.[225] Das Markencontrolling überprüft weiterhin die

---

[219] Vgl. Esch, Franz-Rudolf / Gabler Wirtschaftslexikon Springer Fachmedien Wiesbaden GmbH (Hrsg.) (2018), 2. Abschnitt im Hauptframe (siehe Internetverzeichnis).
[220] Vgl. Sponheuer, Birgit (2010), S. 133-137.
[221] Vgl. ESCH. The Brand Consultants GmbH (Hrsg.) (2018b), 1. Abschnitt im Hauptframe (siehe Internetverzeichnis).
[222] Vgl. Roj, Manuel (2013), S. 58.
[223] Vgl. Burmann, Christoph u.a. (2015), S. 96.
[224] Vgl. Baumgarth, Carsten (2014), S. 349.
[225] Vgl. Roj, Manuel (2013), S. 58.

Möglichkeiten zur Steigerung von Erfolgspotenzialen.[226] Neue innovative Ideen für die Markenstrategie können hierdurch entstehen und können ein Wachstum der Markenrelevanz sichern. Gesteuert werden kann auch die Budgetierung für alle Markenaktivitäten. Hierbei ist zu beachten, dass sich Markenaktivitäten nicht nur auf externe, sondern auch auf interne Zielgruppen beziehen.

Grundsätzlich lässt sich sagen, dass das Markencontrolling alle Aktivitäten und Eigenschaften der Marke analysiert, mithilfe von Kennzahlen und Instrumenten bewertet, Anpassungsmöglichkeiten zur Verbesserung ermittelt und neue Möglichkeiten zur Steigerung des Markenwerts und der Markenrelevanz aufzeigt.

---

[226] Vgl. Klempien, Dana (2018), 1. und 2. Abschnitt im Hauptframe (siehe Internetverzeichnis).

4.3 Ein Gesamtüberblick über alle Prozessschritte des Konzeptes

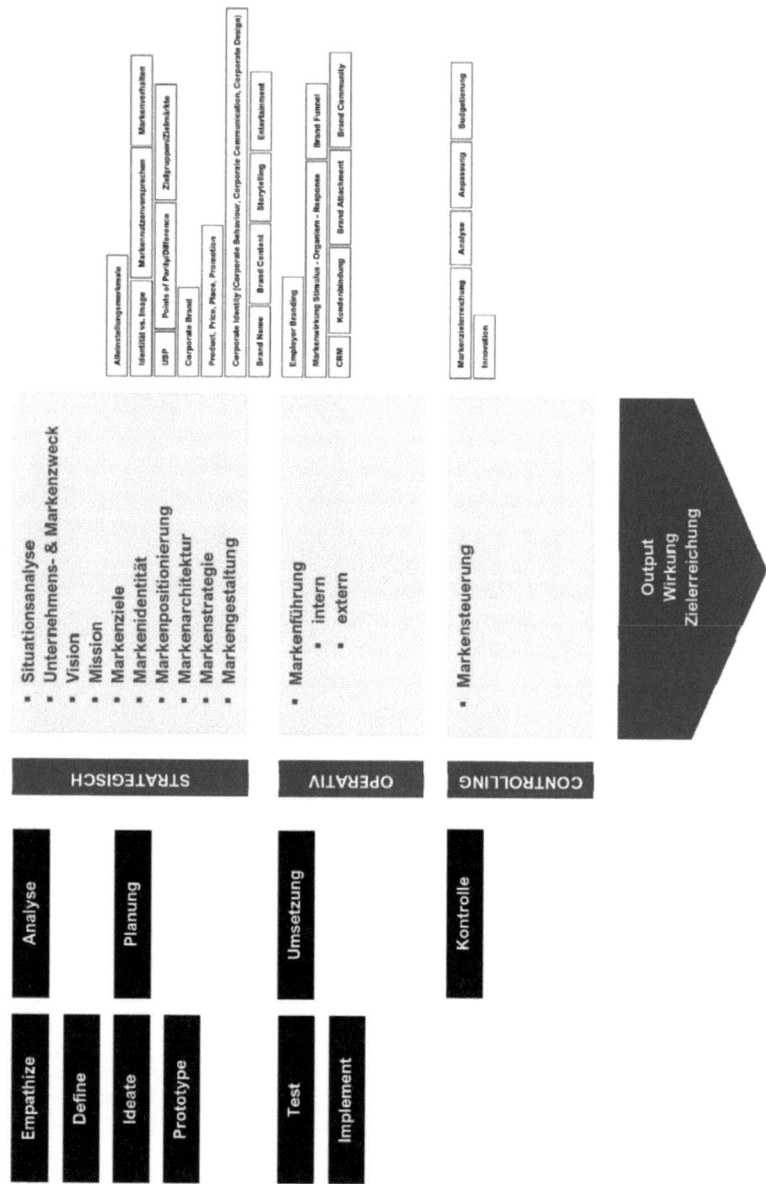

Abb. 10: Konzept zur Markenetablierung einer Neumarke
Quelle: Eigene Darstellung (detaillierte Ansicht im Anhang).

5 Die abgeleiteten wesentlichen Grundregeln bei der Markenetablierung

Marken sind für Unternehmen mitunter die wichtigsten Wertreiber und machen einen Großteil des Gesamtunternehmenswertes aus. Oftmals ist dies sogar der wichtigste immaterielle Vermögensgegenstand.[227] Deshalb ist es wichtig, von Beginn des Markenetablierungsprozesses an, ein hohes Maß an Qualität zu sichern. Fehler in der strategischen Planung des Etablierungsprozesses können eine erfolgreiche Positionierung der Marke auf dem Markt verhindern. Zuerst muss eine qualitativ hochwertige Etablierung stattgefunden haben, bevor eine gründliche Markenführung und ein Markencontrolling den weiteren Erfolg der Bankmarke sichern kann.

Einige Grundregeln können helfen, um neuen Kredit- und Finanzdienstleistungsinstituten die Schaffung einer Neumarke zu erleichtern oder zumindest dabei helfen, grobe Fehler zu vermeiden. Eine neue Marke auf dem Bankenmarkt bedarf einem Grund beziehungsweise einem neuen Nutzen.[228] Ohne zusätzlichen Nutzen haben Kunden und Interessenten kaum einen Grund, einer neuen Marke Aufmerksamkeit zu schenken. Ebenso sollte eine neue Bankmarke ein Alleinstellungsmerkmal auszeichnen und in seiner Gestaltung einzigartig sein.[229] Einzigartigkeit sichert die Kundenbindung und einen langen Kundenlebenszyklus. Des Weiteren grenzen sich einzigartige Marken von Marken des Wettbewerbs ab. Vor allem Dienstleistungsmarken, wie im Bankensektor, können sich stark ähneln und bedürfen der Abgrenzung.

Eine weitere Grundregel, welche im Etablierungsprozess berücksichtigt werden sollte, ist die unkomplizierte Gestaltung der Bankmarke. Klare, leicht verständliche Markenbotschaften und Markeneigenschafen erleichtern den Kunden und Interessenten den Zugang zur Marke der ohnehin schon komplexen Branche. Trotz innovativer Ideen, neuartigen Markenversprechen und großen Visionen sollten Marken Authentizität vermitteln. Markenziele müssen erreichbar bleiben und die Glaubwürdigkeit der Bankmarke gilt es zu schützen.

Neumarken sollten mit Marktnähe etabliert werden. Hierzu ist es sinnvoll, Kundenanforderungen und die Aktivitäten der Wettbewerber zu beobachten, zu analysieren und Rückschlüsse auf die Gestaltung der eigenen Marke zu ziehen. Marken, die

---

[227] Vgl. Sattler, Henrik / Völckner, Franziska (2013), S. 21.
[228] Vgl. Grünwald, Holger / Orlamünder, Alina (Hrsg.) (2018), S. 3 (siehe Anhang).
[229] Vgl. ebenda, S. 3 (siehe Anhang).

nicht aktuelle Bedürfnisse erfüllen und Interesse der Konsumenten wecken, werden wenig Aufmerksamkeit erhalten und Absatzprobleme verzeichnen können. Oftmals verschwinden Marken wieder von einem Markt, wenn sie nicht von vornherein an die Marktsituation angepasst sind. Deshalb ist eine umfassende Situationsanalyse im Etablierungsprozess von hoher Wichtigkeit.[230]
Neu etablierte Bankmarken versuchen sich auf einem bereits sehr gesättigten Markt zu behaupten. Ebenso ist davon auszugehen, dass die große Mehrheit aller Zielgruppen bereits eine Kundenbeziehung zu einer Bankmarke des Wettbewerbs führt. Aus diesem Grund ist es sinnstiftend, eine neue Marke zu etablieren, die völlig revolutionär ist und das Begehren der Konsumenten weckt, eine neue Kundenbeziehung aufzunehmen. Revolutionäre Ideen können den Grundstein für die Aufmerksamkeit verschiedener Stakeholder sichern. Eine Marke, die zudem für Innovation steht und neuartige Konzepte entwickelt, ist eventuell prädestiniert dazu, auch zukünftig erfolgreich fortzubestehen.

Marken, die in die Kommunikation mit ihren Zielgruppen treten, sichern ein Markenerlebnis, einen Austausch und ebnen den Weg für eine starke Kundenbeziehung. Neumarken im Finanzdienstleistungssektor sollten das Bedürfnis ihrer Kunden und weiterer Anspruchsgruppen zu kommunizieren, nicht übersehen.[231] Neumarken sollten ebenso Emotionen transportieren um ein Brand Attachment zu erzeugen. Entertainment, Brand Content und Storytelling gehören auch für Bankmarken zu einem wichtigen Bestandteil der Markengestaltung. Im besten Falle entwickelt sich aus einer einseitig gerichteten Kommunikation eine multidimensionale Kommunikation, hin zu einer Brand Community, die völlig eigenständig interagiert.[232]

Trotz innovativer Ideen, besonderen Markenversprechen und anspruchsvollen Markenvisionen sollte ab Beginn der Etablierung Wert auf den Wahrheitsgehalt aller Botschaften der Marke gelegt werden. Nur Ehrlichkeit der Marke sichert eine lange Kundenbeziehung, Wiederkauf und positive Reputation. Vor allem für Kredit- und Finanzdienstleistungsinstitute ist Kundenloyalität und Vertrauen die Quintessenz für einen langfristigen Unternehmenserfolg.[233] Ehrlichkeit ist als Hygienefaktor für erfolgreiche Markenetablierung anzusehen.

---

[230] Vgl. Grünwald, Holger / Orlamünder, Alina (Hrsg.) (2018), S. 4 (siehe Anhang).
[231] Vgl. ebenda, S. 4 (siehe Anhang).
[232] Vgl. Oestreicher, Klaus (2010), S. 142.
[233] Vgl. Grünwald, Holger / Orlamünder, Alina (Hrsg.) (2018), S. 4 (siehe Anhang).

Alle Markenattribute sollten grundsätzlich nachhaltig gestaltet werden. Strategische und operative Markenelemente sollten auch nach einiger Zeit des Bestehens der Marke noch relevant und zutreffend sein. Vision, Mission und Markenziele sollten über einen langfristigen Zeitraum abgesteckt werden. Auch die Markenwerte, Positionierung, Strategien und Markengestaltungselemente müssen zwingend nachhaltig gestaltet werden, um einen Wiedererkennungswert der Marke zu schaffen und Kundenloyalität sowie Vertrauen zu gewinnen. Nachhaltigkeit bezieht sich im Wesentlichen nicht nur auf den Fortbestand der Marke und ihrer Eigenschaften, sondern auch auf den Umgang mit allen Stakeholdern und Ressourcen. Nachhaltigkeit bedeutet allerdings nicht, erforderliche Anpassungen der Markeneigenschaften nicht vorzunehmen, wenn beispielsweise verändertes Kundenverhalten diese Anpassungen erfordern.

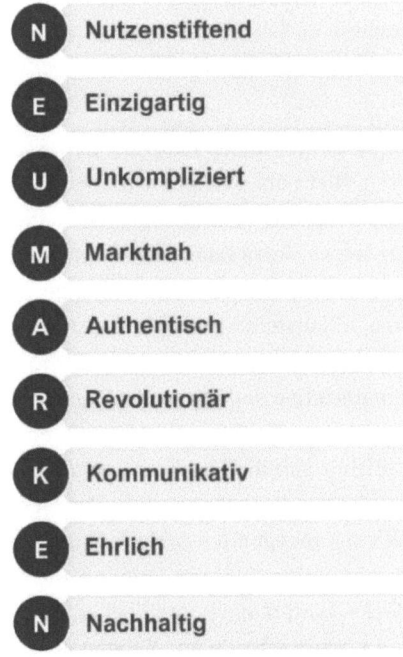

Abb. 11: Grundregeln für NEUMARKEN
Quelle: Eigene Darstellung.

6 Schlussbetrachtung

Sowohl bestehende als auch neue Kredit- und Finanzdienstleistungsinstitute, die sich noch in der Gründung befinden, müssen sich vielen neuen Herausforderungen stellen. Regulatorische Anforderungen, die Politik der Zentralbanken und der konditionelle Wettbewerbsdruck durch Konkurrenten mit ähnlichen Geschäftsmodellen stellen Hürden für eine erfolgreiche Positionierung einer Bank dar. Verändertes Kundenverhalten und die Formulierung neuer Anforderungen an die Institute können erschwerend hinzukommen, es sei denn, die Kredit- und Finanzdienstleistungsinstitute erkennen hierin ihre Chance. Lösungen für neue Probleme, innovative technische Neuerungen und disruptive Geschäftsmodelle wecken Aufmerksamkeit, akquirieren Neukunden und begeistern Bestandskunden. Das schafft eine Abgrenzung vom Wettbewerb. Besonders neue Unternehmen mit agilen Unternehmensstrukturen, Flexibilität und einer hohen Anpassungsgeschwindigkeit können das veränderte Verhalten der Konsumenten und die Technologien des Banking 4.0 für sich vorteilhaft nutzen. FinTechs erfahren großes Interesse und einen hohen Zulauf von interessierten Neukunden.

Im Umfeld dieser neuen Chancen ist neben einer neuen innovativen Geschäftsidee auch eine starke Marke zu positionieren. Nicht ohne Grund macht eine Marke oftmals einen Großteil des Unternehmenswertes aus. Hier also, bei der Neugründung eines Unternehmens, keinen Fokus zu setzen, wäre fatal und könnte zukünftigen Unternehmenserfolg gefährden. Über eine Marke lassen sich wichtige Unternehmensziele, Unternehmenseigenschaften, Alleinstellungs-merkmale, Positionierungen, Werte, Versprechen und Emotionen transportieren. Vor allem für Kredit- und Finanzdienstleistungsinstitute mit immateriellen und mit wenig Emotionen behafteten Produkten und Dienstleistungen ist es von großer Wichtigkeit, eine starke, anziehende Bankmarke zu gestalten. Bisher gab die Literatur nur unvollständige Konzepte zur Etablierung einer Neumarke her. Deshalb hat diese Arbeit einen Lösungsversuch unternommen und stellt ein Konzept mit einzelnen Prozessschritten vor. Eingeteilt wird der Gesamtprozess in die strategische Planung, die operative Planung und in das Controlling der Marke. Hauptaugenmerk liegt auf der strategischen Planung, da hier die eigentlichen Prozessschritte zur Neumarkengestaltung stattfinden. Im neuen Konzept wird der typische Managementprozess mit den vier Schritten Analyse, Planung, Umsetzung und Kontrolle, durch das Konzept des Design Thinking erweitert, welches sich stärker am Konsumenten orientiert.

Das entwickelte Konzept zur Etablierung einer neuen Marke schlägt zu den einzelnen Prozessschritten zu gestaltende Themen und mögliche Lösungen, insbesondere für Kredit- und Finanzdienstleistungsinstitute, vor. Dennoch gibt dieses Konzept nicht die nötige Tiefe und Trennschärfe zu verschiedenen Marken, um vollumfänglich ausreichend für eine Neumarkenetablierung zu sein. Merkmale müssen geschaffen werden, dass Marken völlig einzigartig sind und sich von anderen klar abgrenzen. Nichtsdestotrotz gibt dieses Konzept einen soliden Leitfaden vor, um Möglichkeiten der Gestaltung einer starken, einzigartigen Marke vorzuschlagen. Aus den einzelnen Prozessschritten heraus, ergab sich zusätzlich ein zweites Konzept, welches besonders bedeutsame Grundregeln für Neumarken aufstellt. Hierdurch können, während des gesamten Prozesses der strategischen Gestaltung und Planung, grobe Fehler im Vorfeld vermieden werden.

Grundkonzepte für starke Marken zu schaffen kann äußerst hilfreich sein, kann aber niemals allein den Markenerfolg sichern. Marken müssen optimiert und stark geführt werden. Stets muss das Ziel verfolgt werden, eine Marke zu gestalten, die der Kunde liebt.

Sich als Marke unverzichtbar zu machen, ist der tatsächliche Schlüssel zum Erfolg.

"Be so good they can't ignore you."[234]

- Steve Martin

---

[234] Martin, Steve / Newport, Cal (Hrsg.) (2012), S. XX.

Literaturverzeichnis

Adjouri, Nicholas (2014): Alles was Sie über Marken wissen müssen: Leitfaden für das erfolgreiche Management von Marken, Wiesbaden, 2. Auflage.

Appelfeller, Wieland / Feldmann, Carsten (2018): Die digitale Transformation des Unternehmens: Systematischer Leitfaden mit zehn Elementen zur Strukturierung und Reifegradmessung, Münster.

Baetzgen, Andreas (Hrsg.) (2011): Brand Planning: Starke Strategien für Marken und Kampagnen, Stuttgart.

Baetzgen, Andreas / Tropp, Jörg (Hrsg.) (2013): Brand Content: Die Marke als Medienereignis, Stuttgart.

Baumgarth, Carsten (2014): Markenpolitik: Markentheorie, Markenwirkung, Markenführung, Markencontrolling, Markenkontexte, Wiesbaden, 4., überarbeitete und erweiterte Auflage.

Böhnke, Werner / Rolfes, Bernd (Hrsg.) (2015): Neuausrichtung der Banken - Auf der Suche nach Ertragsquellen und Eigenkapital: Beiträge des Duisburger Banken-Symposiums, Wiesbaden.

Braune, Alexander / Landau, Christian (2016): FinTech - Digitale Geschäftsmodelltransformation im Bankensektor, in: Schallmo, Daniel / Rusnjak, Andreas / Anzengruber, Johanna / Werani, Thomas / Jünger, Michael (Hrsg.): Digitale Transformation von Geschäftsmodellen: Grundlagen, Instrumente und Best Practices, S. 495-519.

Breiter, Isabel Barbara (2012): Markensterben: Ursachen und auslösende Akteure der Markenwertvernichtung, Wiesbaden, 1. Auflage.

Brühl, Volker / Dorschel, Joachim (2017): Praxishandbuch Digital Banking, Wiesbaden.

Bruhn, Manfred (2014): Marketing: Grundlagen für Studium und Praxis, Wiesbaden, 12., überarbeitete Auflage.

Bundesministerium für Wirtschaft und Energie (Hrsg.) (2017): Monatsbericht 12-2017: Industrie 4.0 schafft neue Wertschöpfungsnetzwerke, Berlin.

Burmann, Christoph / Halaszovich, Tilo / Schade, Michael / Hemmann, Frank (2015): Identitätsbasierte Markenführung: Grundlagen - Strategie - Umsetzung - Controlling, Wiesbaden, 2., vollständig überarbeitete und erweiterte Auflage.

Business Application Research Center GmbH (Hrsg.) (2016): Advanced & Predictive Analytics: Schlüssel zur zukünftigen Wettbewerbsfähigkeit: BARC-Anwenderstudie, Würzburg.

CMS Hasche Sigle Partnerschaft von Rechtsanwälten und Steuerberatern mbB / Deloitte GmbH Wirtschaftsprüfungsgesellschaft / ING Wholesale Banking / Redaktion FINANCE (Hrsg.) (2017): Gegner, Helfer, Partner: Fintechs und das Firmenkundengeschäft der Banken, Frankfurt am Main.

comdirect bank AG (Hrsg.) (2017): comdirect FinTech-Studie: Das Wachstum geht weiter, November 2017, Quickborn.

Diebold Nixdorf Inc. (Hrsg.) (2016): Die fünf häufigsten Kundenmythen, o. O..

Diehl, Saskia (2009): Brand Attachment: Determinanten erfolgreicher Markenbeziehungen, Wiesbaden, 1. Auflage.

Drummer, Daniel / Jerenz, André / Siebelt, Philipp / Thaten, Mario / McKinsey & Company (Hrsg.) (2016): FinTech – Herausforderungen und Chancen: Wie die Digitalisierung den Finanzsektor verändert, o. O..

Esch, Franz-Rudolf / Tomczak, Torsten / Kernstock, Joachim / Langner, Tobias (2006): Corporate Brand Management: Marken als Anker strategischer Führung von Unternehmen, Wiesbaden, 2., aktualisierte und ergänzte Auflage.

Esch, Franz-Rudolf / Armbrecht, Wolfgang (Hrsg.) (2009): Best Practice der Markenführung, Wiesbaden, 1. Auflage.

Fischer, Dirk (2018): Das „Emotionale Markenerlebnis" zur Stärkung der Markenbindung: Eine emotions- und gedächtnispsychologische Konstrukt- und Skalenentwicklung, Wiesbaden.

Fog, Klaus / Budtz, Christian / Munch, Philip / Blanchette, Stephen (2010): Storytelling: Branding in Practice, Heidelberg u.a., Second Edition.

Grünwald, Holger / Orlamünder, Alina (Hrsg.) (2018): Experteninterview, 26.06.2018, Berlin, (siehe Anhang).

Gutschi, Mario (2010): Implementierung einer Corporate Identity Strategie in einem Kleinstbetrieb der Rechnungswesen- und Beratungsbranche, Norderstedt.

Homburg, Christian / Richter, Markus (2003): Branding Excellence: Wegweiser für professionelles Markenmanagement, Mannheim.

Homburg, Christian (2014): Grundlagen des Marketingmanagements: Einführung in Strategie, Instrumente, Umsetzung und Unternehmensführung, Wiesbaden, 4., überarbeitete und erweiterte Auflage.

Homburg, Christian (2016): Marketingmanagement: Strategie - Instrumente - Umsetzung - Unternehmensführung, Wiesbaden, 6., überarbeitete und erweiterte Auflage.

Martin, Steve / Newport, Cal (Hrsg.) (2012): So Good They Can't Ignore You: Why Skills Trump Passion in the Quest for Work You Love, New York.

McCarthy, Edmund Jerome (1960): Basic Marketing: A managerial approach, Homewood, Illinois.

Meffert, Heribert / Burmann, Christoph (1996): Identitätsorientierte Markenführung: Grundlagen für das Management von Markenportfolios, Münster.

Müller, Hans-Erich (2017): Unternehmensführung: Strategie - Management - Praxis, Berlin, 3., vollständig überarbeitete und erweiterte Auflage.

N26 GmbH (Hrsg.) (2018): N26 sammelt $160 Millionen ein – Allianz X und Tencent führen

Finanzierungsrunde an: Die mobile Bank gibt Series C Finanzierung bekannt, Pressemitteilung, 20.03.2018, Berlin.

Oestreicher, Klaus (2010): Strategische Kommunikation und Stakeholdermanagement: Struktur, Implementierung, Erfolgsfaktoren, Erlangen.

PricewaterhouseCoopers AG Wirtschaftsprüfungsgesellschaft (Hrsg.) (2012): Markenstudie 2012, München.

Roj, Manuel (2013): Die Relevanz der Markenarchitektur für das Employer Branding: Eine verhaltenstheoretisch-experimentelle Untersuchung zum Einfluss von hierarchieübergreifenden Markenkombinationen auf die Employer Brand Strength, Wiesbaden.

Sattler, Henrik / Völckner, Franziska (2013): Markenpolitik, Stuttgart, 3., aktualisierte und erweiterte Auflage.

Siegmanski, Karina (2009): Strategisches Branding im Bankensektor bei veränderten Rahmenbedingungen, Hamburg.

Sinek, Simon (2009): Start with Why: How Great Leaders Inspire Everyone to Take Action, New York.

Sopra Steria GmbH (Hrsg.) (2015): Internetstrategie und Optimierung des Online-Vertriebs in Sparkassen: Ganzheitliche Integration in das Multikanalmanagement, Hamburg.

Sopra Steria GmbH (Hrsg.) (2016): Bankberatung der Zukunft: Die Chancen der Digitalisierung im Retail Banking nutzen, Hamburg.

Sopra Steria SE (Hrsg.) (o. J.): Fintechs – New Markets: Herausforderung und Chance, Hamburg.

Sponheuer, Birgit (2010): Employer Branding als Bestandteil einer ganzheitlichen Markenführung, Wiesbaden, 1. Auflage.

von Känel, Siegfried (2018): Betriebswirtschaftslehre: Eine Einführung, Wiesbaden.

Willrodt, Karsten (2004): Markenkompetenz: Konzeption und empirische Analyse im Industriegüterbereich, Wiesbaden, 1. Auflage.

Internetverzeichnis

Bendel, Oliver / Gabler Wirtschaftslexikon Springer Fachmedien Wiesbaden GmbH (Hrsg.) (2018): Industrie 4.0, Gabler Wirtschaftslexikon, https://wirtschaftslexikon.gabler.de/definition/industrie-40-54032. Abgerufen am 03.05.2018.

Brand Trust GmbH (Hrsg.) (2018a): Finanzmarken, Brand Trust, https://www.brand-trust.de/de/glossar/finanzmarken.php. Abgerufen am 09.06.2018.

Brand Trust GmbH (Hrsg.) (2018b): Dienstleistungsmarken, Brand Trust, https://www.brand-trust.de/de/glossar/dienstleistungsmarken.php. Abgerufen am 16.06.2018.

Cohen, Reuven / Forbes Media LLC (Hrsg.) (2014): Design Thinking: A Unified Framework For Innovation, Forbes, 31.03.2017. https://www.forbes.com/sites/reuvencohen/2014/03/31/design-thinking-a-unified-framework-for-innovation/#4957ff38c110

Commerzbank AG (Hrsg.) (2018): Die Werte der Commerzbank, Commerzbank, https://www.commerzbank.de/de/nachhaltigkeit/nachhaltigkeitsstandards/comwerte/comwert.html. Abgerufen am 10.06.2018.

Deutsche WirtschaftsNachrichten (Hrsg.) (2015): Carsten Maschmeyer als Untergangs-Prophet für die FinTechs, Deutsche WirtschaftsNachrichten, 22.09.2015. https://deutsche-wirtschafts-nachrichten.de/2015/09/22/carsten-maschmeyer-als-untergangs-prophet-fuer-die-fintechs/

ESCH. The Brand Consultants GmbH (Hrsg.) (2018a): Markenpositionierung: Einen Leuchtturm für die Marke bauen, ESCH., https://www.esch-brand.com/markenfuehrung/markenpositionierung.php. Abgerufen am 12.06.2018.

ESCH. The Brand Consultants GmbH (Hrsg.) (2018b): Markencontrolling, ESCH., https://www.esch-brand.com/glossar/markencontrolling/. Abgerufen am 16.06.2018.

Esch, Franz-Rudolf / Gabler Wirtschaftslexikon Springer Fachmedien Wiesbaden GmbH (Hrsg.) (2018): Brand Community, Gabler Wirtschaftslexikon, https://wirtschaftslexikon.gabler.de/definition/brand-community-51941. Abgerufen am 17.06.2018.

finanzen.net GmbH (Hrsg.) (2018): Was ist ein Robo-Advisor?, finanzen.net, https://www.finanzen.net/ratgeber/wertpapiere/robo-advisor. Abgerufen am 06.05.2018.

Geiling, Luisa / Bundesanstalt für Finanzdienstleistungsaufsicht (Hrsg.) (2016): Distributed Ledger: Die Technologie hinter den virtuellen Währungen am Beispiel der Blockchain, BaFin, 15.02.2016. https://www.bafin.de/SharedDocs/Veroeffentlichungen/DE/Fachartikel/2016/fa_bj_1602_blockchain.html

Holländer, Dirk / zeb.rolfes.schierenbeck.associates GmbH (Hrsg.) (2016): zeb zur Zukunft der europäischen Banken: Raus aus den Verlustjahren - Jetzt muss gehandelt werden, Banking Hub by zeb, 11.03.2016. https://bankinghub.de/banking/steuerung/zukunft-europaeische-banken

Horch, Phillip / BTC-ECHO GmbH (Hrsg.) (2018): Was zu Ledger – Teil 1: Distributed-Ledger-Technologie vs. Blockchain, BTC-ECHO Bitcoin & Blockchain Pioneers, 10.02.2018. https://www.btc-echo.de/was-zur-ledger-teil-1-distributed-ledger-technologie-vs-blockchain/

Kaleta, Thomas (2018a): Corporate Communication, corporateLOOK!, https://www.corporatelook.de/corporate_communication.html. Abgerufen am 13.06.2018.

Kaleta, Thomas (2018b): Corporate Behavior, corporateLOOK!, https://www.corporatelook.de/corporate_behavior.html. Abgerufen am 13.06.2018.

Kilian, Karsten / Meedia GmbH & Co. KG (Hrsg.) (2018): Corporate Brand, absatzwirtschaft / Markenlexikon.com, http://www.absatzwirtschaft.de/markenlexikon/corporate-brand/. Abgerufen am 09.06.2018.

Klempien, Dana (2018): Marketing-Controlling, Controlling-Portal.de, 13.04.2018. https://www.controllingportal.de/Fachinfo/Funktional/Marketing-Controlling.htmlMarketing-Controlling

Lenz, Andreas / Dietrich Identity GmbH (Hrsg.) (2018): Qualitätsführer, Preisführer oder Nischenanbieter – drei Wettbewerbsstrategien, Dietrich iD, https://www.dietrichid.com/ueberdietrichidentity/. Abgerufen am 19.06.2018.

Litzel, Nico / Vogel IT-Medien GmbH (Hrsg.) (2016): Was ist Business Intelligence – BI?, BigData-Insider, 01.09.2016. https://www.bigdata-insider.de/was-ist-business-intelligence-bi-a-563185/

Metzger, Jochen / Gabler Wirtschaftslexikon Springer Fachmedien Wiesbaden GmbH (Hrsg.) (2018): Distributed Ledger Technologie (DLT), Gabler Wirtschaftslexikon, https://wirtschaftslexikon.gabler.de/definition/distributed-ledger-technologie-dlt-54410. Abgerufen am 05.05.2018.

Microsoft Corporation (Hrsg.) (2018): Was ist Cloud Computing?: Leitfaden für Einsteiger, Microsoft Azure, https://azure.microsoft.com/de-de/overview/what-is-cloud-computing/?cdn=disable. Abgerufen am 04.05.2018.

MTC Markentechnik Consulting GmbH & Co. KG (Hrsg.) (2018): Anders ist besser: Wie Marken sich vom Wettbewerb abheben, Markentechnik Consulting, https://www.markentechnik-consulting.de/markenberatung/markendifferenzierung/. Abgerufen am 24.05.2018.

N26 GmbH (Hrsg.) (2018): Manifesto, N26, https://n26.com/de-de/ueber-n26. Abgerufen am 15.06.2018.

Neuhaus, Carla / Verlag Der Tagesspiegel GmbH (Hrsg.) (2017): Die Echtzeit-Überweisung kommt, Tagesspiegel, 22.11.2017. https://www.tagesspiegel.de/wirtschaft/instant-payment-die-echtzeit-ueberweisung-kommt/20619158.html

Ottersbach, Thomas / Ottersbach Consulting (Hrsg.) (2016): Peer-to-Peer-Kredite: Chancen, Risiken und Online-Plattformen, ecommerce-vision.de, 08.12.2016. https://www.ecommerce-vision.de/peer-to-peer-kredite-chancen-risiken-und-online-plattformen/

Papenbrock, Jochen / Handelsblatt Media Group GmbH & Co. KG (Hrsg.) (2018): Künstliche Intelligenz – die Finanzbranche ist beim Thema AI sehr spät dran, Handelsblatt, http://veranstaltungen.handelsblatt.com/bankentechnologie/ai-finanzbranche/. Abgerufen am 05.05.2018.

Petereit, Dieter / yeebase media GmbH (Hrsg.) (2016): Was ist eigentlich der Unterschied zwischen AI, Machine Learning, Deep Learning und Natural Language Processing?, t3n Magazin, 17.12.2016. https://t3n.de/news/ai-machine-learning-nlp-deep-learning-776907/

Petznick, Anne / T-Systems Multimedia Solutions GmbH (Hrsg.) (2013): Multichannel, Omnichannel, Cross Channel und Co. – Versuch einer Begriffserklärung, Kanal Egal – Die digitale Revolution, Kanal Egal, 18.12.2013. http://www.kanal-egal.de/multichannel-omnichannel-cross-channel-und-co-versuch-einer-begriffserklaerung/

PricewaterhouseCoopers GmbH Wirtschaftsprüfungsgesellschaft (Hrsg.) (2017): Blockchain und Smart Contracts, PwC, 21.06.2017. https://www.pwc.de/de/newsletter/it-security-news/blockchain-und-smart-contracts.html

Rother, Kathleen (2017): Was bedeutet überhaupt Corporate Design oder Branding?, Design-Checks und Grafik-Basics für Online-Unternehmerinnen, 28.03.2017. https://kathleenrother.de/2017/03/28/was-bedeutet-corporate-design-oder-branding/

S.A.S Critizr (Hrsg.) (2017): Multi-Channel, Cross-Channel oder Omni-Channel: Was sind die Unterschiede?, Critizr, 08.05.2017. https://business.critizr.com/de/blog/multi-channel-cross-channel-oder-omni-channel-was-sind-die-unterschiede

SAP Deutschland SE & Co. KG (Hrsg.) (2018): Digitale Geschäftsprozesse, SAP.com Deutschland, https://www.sap.com/germany/trends/digital-business.html. Abgerufen am 03.05.2018.

Schlenk, Caspar Tobias / Vertical Media GmbH (Hrsg.) (2017): Eine halbe Million Kunden – wo steht das Banking-Startup N26?, Gründerszene, 21.08.2017. https://www.gruenderszene.de/allgemein/halbe-million-kunden-n26

Statista, Inc. (Hrsg.) (2018): FinTech Report 2018, Statista, https://de.statista.com/statistik/studie/id/44591/dokument/fintech-report/. Abgerufen am 06.05.2018.

Stocker, Marcel / Digital Enterprise AG (Hrsg.) (2018): Der Unterschied zwischen Digitalisierung und Digitaler Transformation, Digital Enterprise, https://www.digitalenterprise.ch/unterschied-zwischen-digitalisierung-und-digitale-transformation/. Abgerufen am 03.05.2018.

The Motley Fool GmbH / wallstreet:online AG (Hrsg.) (2016): 4 einfache Gründe, warum Fintechs keine Bedrohung für Deutsche Bank und Commerzbank sind, wallstreet:online, 16.08.2016. https://www.wallstreet-online.de/nachricht/8849499-4-einfache-gruende-fintechs-bedrohung-deutsche-bank-commerzbank

Vertical Media GmbH (Hrsg.) (2018a): Application-Programming-Interface (API), Gründerszene, https://www.gruenderszene.de/lexikon/begriffe/application-programming-interface-api. Abgerufen am 04.05.2018.

Vertical Media GmbH (Hrsg.) (2018b): Internet of Things, Gründerszene, https://www.gruenderszene.de/lexikon/begriffe/internet-of-things. Abgerufen am 04.05.2018.

Vertical Media GmbH (Hrsg.) (2018c): Künstliche Intelligenz, Gründerszene, https://www.gruenderszene.de/lexikon/begriffe/kuenstliche-intelligenz. Abgerufen am 04.05.2018.

Vertical Media GmbH (Hrsg.) (2018d): Digitale Transformation, Gründerszene, https://www.gruenderszene.de/lexikon/begriffe/digitale-transformation. Abgerufen am 06.05.2018.

Vertical Media GmbH (Hrsg.) (2018e): Design Thinking, Gründerszene, https://www.gruenderszene.de/lexikon/begriffe/design-thinking. Abgerufen am 22.05.2018.

Vertical Media GmbH (Hrsg.) (2018f): Unique-Selling-Proposition (USP), Gründerszene, https://www.gruenderszene.de/lexikon/begriffe/unique-selling-proposition-usp. Abgerufen am 02.06.2018.

VORN Strategy Consulting GmbH (Hrsg.) (2018): Schreibt ein Kind die bessere Markenvision?: Was Markenverantwortliche von Kindern lernen können, VORN, http://blog.vornconsulting.com/2017/08/23/schreibt_ein_kind_die_bessere_markenvision/. Abgerufen am 02.06.2018.

Wirtschaftslexikon24 (Hrsg.) (2018): Pionierstrategie, Wirtschaftslexikon24.com, http://www.wirtschaftslexikon24.com/i/index-a.htm. Abgerufen am 08.05.2018.

Zeman, Ales / Litzel, Nico / Vogel IT-Medien GmbH (Hrsg.) (2016): Advanced Analytics macht Big Data nutzbar, BigData-Insider, 10.02.2016. https://www.bigdata-insider.de/advanced-analytics-macht-big-data-nutzbar-a-520079/

Anhang

Die verwendeten Internetquellen sind auf dem beigefügten Datenträger gespeichert.

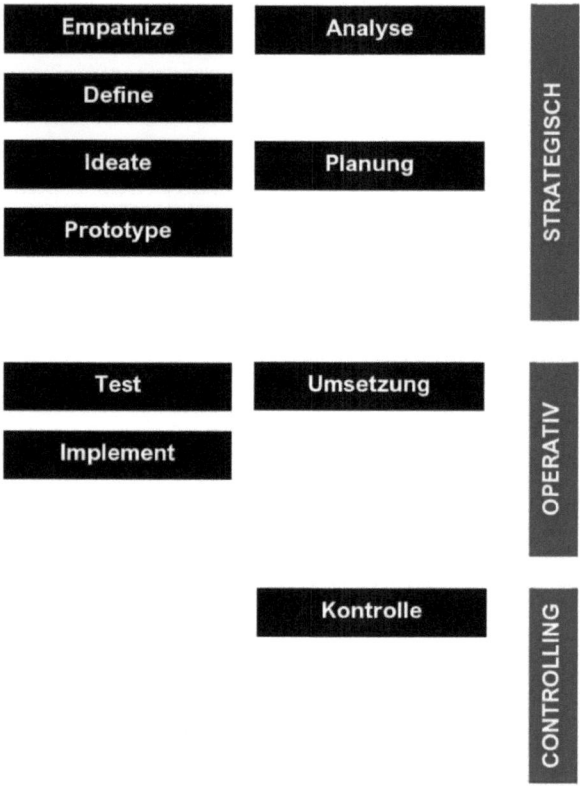

Abb. 12: Konzept zur Markenetablierung einer Neumarke (Teil 1)
Quelle: Eigene Darstellung.

Anhang

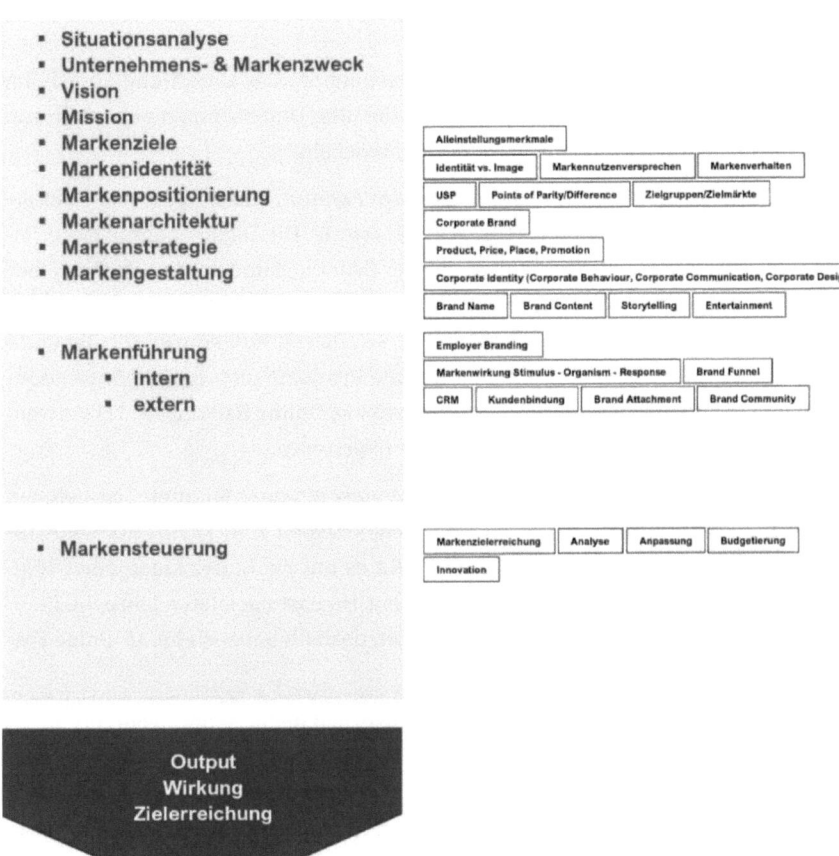

Abb. 13: Konzept zur Markenetablierung einer Neumarke (Teil 2)
Quelle: Eigene Darstellung.

Experteninterview

Holger Grünwald ist Geschäftsführer von Neugelb Studios GmbH und sprach am 26.06.2018 mit mir, Alina Orlamünder, über die Idee, Unternehmen außerhalb von Banken zu etablieren und neue Marken zu entwickeln.

Neugelb Studios GmbH ist eine Service Design Agentur, welche 2016 als Tochtergesellschaft der Commerzbank AG gegründet wurde. Die Digitalagentur Fjord unterstütze damals die Commerzbank AG bei der Gründung und bei dem Aufbau einer völlig neuen Agentur. Diese Agentur, die sich Design Thinking und Human-Centered-Design auf die Fahne geschrieben hat, entwickelt nun sowohl für die Commerzbank als auch für andere Kunden digitale Produkte und digitale Anwendungen. Das sind beispielsweise Apps, Mobile Banking, Online Banking und IT-Anwendungen unter den Gesichtspunkten der User Experience.

"Hi Holger, danke, dass du dir für unser Interview ein paar Minuten Zeit nehmen konntest. Zurzeit schreibe ich an meiner Bachelorarbeit zum Thema Markenetablierung im Zeitalter des Banking 4.0. Mir geht es um die Entwicklung einer Neumarke im Umfeld zunehmender Digitalisierung. Du hast die letzten Jahre die Etablierung einer neuen Marke direkt mitgestaltet, deshalb habe ich heute einige Fragen an dich.

Unser Interview wird etwa 15 Minuten in Anspruch nehmen und wenn du nichts dagegen hast, dann zeichne ich dieses Interview als Audiodatei auf. Mir erscheint es außerdem sinnvoll, dass in der Bachelorarbeit der Namen des Unternehmens, dein Name und deine Funktion als Geschäftsführer genannt wird. Lass uns gerne starten, wenn es keine weiteren Fragen oder Anmerkungen deinerseits gibt."

"Welche Gründe gab es damals, dass Neugelb außerhalb der Bank als eigenständiges Unternehmen gegründet wurde und nicht eine neue Abteilung in der Commerzbank geschaffen wurde?"

Holger Grünwald:

"Grundsätzlich gibt es da mehrere Gründe. Das haben wir jetzt auch im Austausch mit mehreren DAX-Konzernen gelernt. Im Grunde gibt es hier drei grundsätzliche Ausprägungen, die möglich gewesen wären. Zum einen gab es die Möglichkeit das Unternehmen komplett zu internalisieren, also wirklich auch in der hierarchischen Weisungsbefugnis aufzuhängen. Man kann es ja aber auch noch weiter weg platzieren, also außerhalb vom operativen Projektkorridor. Letzen Endes waren für die Commerzbank dabei mehrere Aspekte entscheidend.

Einer dieser Aspekte ist kultureller Natur. Als man sich damals der Frage genähert hat, wie man das aufbaut, in welcher Form, in welcher Distanz, ist man relativ schnell auf den Punkt gestoßen, dass wenn man das falsch aufsetzt, also zu sehr intern, einen Cultural Clash provoziert. Also wenn du kreative Talente suchst, im besten Falle im internationalen Format, die sich bewusstermaßen gegen eine Corporate entschieden haben und für ein kreativeres Umfeld, und wenn du sie zu sehr einverleibst, dass du wenige Monate später eine Kündigungswelle erfährst und du letztendlich mit leeren Händen dastehst. Ein kultureller Grund ist also die Möglichkeit, dass sich eine eigene Identität entwickeln kann und ein eigener Kosmos, der auch maßgeschneidert ist für die Arbeitsatmosphäre, die notwendig ist, für das Erbringen von Service Design. Das ist aller Voraussicht nach nicht ganz so kompatibel im heutigen Arbeitsumfeld der Bank.

Damit sind aber auch einfach organisatorische Gründe verbunden, die genauso die Arbeitsqualität und die Arbeitseffizienz beeinflussen. Dadurch, dass wir eine eigene Identität sind, haben wir relativ hohe Freiheitsgrade, was die IT-Mittel anbelangt. Wir laufen auch außerhalb der Governance-Strukturen der Commerzbank. Wir können uns eigene Governance-Strukturen, für unser eigenes Geschäftsmodell, gestalten. Wir haben natürlich einen eigenen ökonomischen Auftrag und dadurch viele Möglichkeiten, das frei nach unseren Bedürfnissen zu wählen. Grundsätzlich können wir alles selbst machen. An manchen Stellen hingegen, haben wir uns für Managed Services entschieden - HR wäre hier ein gutes Beispiel.

Sprich dort, wo wir die Prozesse nicht optimieren können, aus regulatorischen Gründen, aus rechtlichen Gründen et cetera und wir dann nur existierende Vorgänge in der Bank replizieren würden und man dann auch keinen Effizienzgewinn hat, haben wir die Prozesse nur übernommen. Ansonsten optimieren wir Dinge für uns so, dass es für uns das beste Arbeitsumfeld und dann, in der Folge, die besten Ergebnisse produziert.

Ein dritter Grund ist die ökonomische Autonomie. Wenn ich so etwas komplett intern aufbaue, stellt sich natürlich sofort die Frage, wie das Controlling funktioniert, wie das Thema Steuerung funktioniert. Das kann ich natürlich über viele Gremien machen, oder aber, ich mache das mit einer eigenen Identität. Hier gibt es zwischen der Bank und uns keinen Kontrahierungszwang. Wenn man aus Neugründung dem Wettbewerbsdruck ausgesetzt wird und logischerweise, wenn du dich dort behaupten kannst, ist das ein relativ gutes Indiz dafür, dass das Preis-Leistungs-Verhältnis stimmt und, dass generell die Ergebnisqualität stimmt. Das wären die drei Hauptgründe, die diese autonome Identität rechtfertigen."

"Bist du der Meinung, dass jedes neu gegründete Unternehmen auch gleichzeitig eine neue Marke ins Leben ruft?"

Holger Grünwald:

"Neugründungen, aus einer Corporate heraus, müssten auf jeden Fall eine Markenerweiterung mit sich bringen. Eine vollkommene Autonomie, Unabhängigkeit, ein neuer Markenauftritt, mit eigener Kommunikation, mit eigener Markenstrategie ist meiner Einschätzung nach nicht immer notwendig. Es hängt auch stark davon ab, welche Kernleistungen das Unternehmen erbringt. Das Thema komplette Kongruenz macht allerdings keinen Sinn. Dann sollte es eher eine interne Abteilung sein und keine neue juristische Person. Bei unserem Serviceangebot ist es auf den Fall sinnvoll. Eine Marke ist im letzten Ende ja auch kein Selbstzweck, sondern orientiert sich natürlich an einem Produkt- und Leistungskosmos und dazu sollte das entsprechend passend verlaufen.

Im Falle einer ganz eigenständigen Neugründung hast du die hohe Notwendigkeit, dich zu differenzieren und dich im Marktumfeld zu behaupten, auch als alternative Lösung oder im besten Falle als bessere Lösung. Eine Markengestaltung ist hier eklatant wichtig und beeinflusst hier natürlich grundlegend die Erfolgsaussichten."

"Welches sind die deiner Meinung nach wichtigsten Grundregeln, wenn man eine neue Marke entwickelt?"

Holger Grünwald:

"Sehr valide Dinge sind hier natürlich eine saubere Wettbewerbsanalyse, wo positionierst du dich, welche Differenzierungsfaktoren kannst du da für dich in Anspruch nehmen. Diese sind natürlich tunlichst in deinem Markenauftritt und in deinem Markenverständnis zum Ausdruck zu bringen. Hier soll Abgrenzung definiert werden, sonst hat man Schwierigkeiten, wahrgenommen zu werden. Was nach meiner Ansicht nach eine große Rolle spielt, ist das Thema Kundenzentrierung, Kundenorientierung, welches tunlichst auch bei der Markenetablierung eine Rolle spielen sollte. Und das nicht nur begrenzt auf deine Produktentwicklung, sondern wirklich in deinem Selbstverständnis als Marke. Natürlich musst du diese Haltung entwickeln und nach außen tragen. Allerdings ist es heutzutage nicht mehr so, dass je mehr Botschaften ich in den Äther werfe, umso klarer erscheine ich als Brand. Man muss halt gewisse Grundbedürfnisse beim Kunden befriedigen. Also, wenn ich keinen Mehrwert erzeuge, dann werde ich wahrscheinlich nicht mal mehr die Möglichkeit haben, meine Markenbotschaft überhaupt zu vermitteln und zu senden. Weil ich einfach keine Relevanz bei den Leuten erzeuge, von denen ich gehört werden möchte. Insofern musst du gewisse Grundbedürfnisse erkenne und du erhältst dann als Brand einen Rückkopplungseffekt. Außerdem musst du dich in den Kunden hineinversetzen, wie sich ein Prozess anfühlt, wie du als Marke auftrittst, was für eine Rolle Farbklang und -ton einnehmen, wie die Branded Interaction wirkt und so weiter. Wenn man dem Kunden gut zuhört, kann man eben genau diese Sweet Spots ausfindig machen, an denen ich dann als Marke auch brillieren kann, glänzen kann. Im Finanzsektor spielen, heute auch noch, die Themen Vertrauen, Zuverlässigkeit, Beratungskompetenz und Fairness eine riesige Rolle."

"Glaubst du, dass es auch für andere Aufgaben- und Problemstellungen der Bank sinnvoll wäre, eigenständige Unternehmen mit eigenen Marken zu gründen?"

Holger Grünwald:

"Ja, kann ich mir vorstellen. Neue Unternehmen gründen sowieso. Vor allem, weil die Banken das große Problem haben, nicht als attraktivster Arbeitgeber zu gelten. So kannst du eben etwas aufbauen, etablieren, auch attraktiv werden für High Potentials. Je eigenständiger und stärker dein Markenauftritt ist, umso größer ist die Transferleistung. Die Dominanz einer Marke, die aufgebaut wird, hängt für mich schlicht und ergreifend davon ab, wie sehr ich mir erlauben kann, diese Marke nicht zurück in die Corporate zu internalisieren. Umso mehr Freiraum kann und soll die Marke haben. Ob es immer sinnvoll ist, einem Unternehmen ein neues Gesicht zu geben, ist eine schwierige, stark von der Strategie abhängige Frage. So eigenständiger das Product Offering bleiben soll, umso wichtiger ist auch die Selbstbehauptung. Themen wie Bitcoin, Shared-Ledger-Systeme, API, Inkubatoren oder eben Service Design können eher eine eigenständige Marke erhalten. Für Dingen, die nah am Kerngeschäft der Bank bleiben, sind eventuell eher Markenerweiterungen sinnvoll. Wo es für den Erfolg relevant ist, würde ich eben auch bewusste Distanz vorweisen wollen. Hier sollten ein eigener Charakter, eine eigene Identität, eine eigene Kultur und eine eigene Governance mit in die Wiege gelegt werden."